C.H.BECK WISSEN

in der Beck'schen Reihe

Mystiker sprengen Grenzen: zwischen Diesseits und Jenseits und zwischen den Religionen. Die Faszinationskraft der mystischen Frömmigkeit, bei der der Mensch durch Hingabe und Versenkung zur Vereinigung mit Gott zu gelangen sucht, ist bis heute ungebrochen. Volker Leppin geht allgemeinverständlich den Formen und Deutungen der christlichen Mystik nach. Der Bogen reicht von den ersten biblischen Spuren über den spätantiken Theologen Dionysios Areopagita und die großen Mystiker des Mittelalters wie Bernhard von Clairvaux und Meister Eckhart bis zur Gegenwart. Dabei werden alle großen christlichen Konfessionen – orthodoxe, katholische und evangelische – berücksichtigt.

Volker Leppin, geb. 1966, ist Professor für Kirchengeschichte an der Friedrich-Schiller-Universität Jena sowie Mitglied der Sächsischen Akademie der Wissenschaften und des erweiterten Vorstandes der Meister-Eckhart-Gesellschaft.

Volker Leppin

DIE CHRISTLICHE MYSTIK

Verlag C. H. Beck

Mit 5 Abbildungen

Originalausgabe

Gesamtherstellung: Druckerei C. H. Beck, Nördlingen
Umschlaggestaltung: Uwe Göbel, München
Printed in Germany
ISBN 978 3 406 53615 1

www.beck.de

Inhalt

I. «Christliche Mystik»

Eine Annäherung

«Christlich» mag nicht die erste Assoziation sein, wenn ein Mensch des 21. Jahrhunderts sich der Mystik zuwendet. Mystik wird vielfach als Phänomen östlicher Religiosität wahrgenommen, verbunden mit der Meditationspraxis, die man vorwiegend in buddhistischen Kontexten kennenlernen und erlernen kann. Ja, gelegentlich wird damit geradezu eine Gegenbewegung gegen ein allzu rationales, allzu kognitives Selbstverständnis des europäischen Christentums, vor allem des protestantischen, aber gelegentlich auch des katholischen, verbunden. Doch hat das steigende Interesse an Mystik in den vergangenen Jahrzehnten auch dazu geführt, dass die Texte christlicher Mystiker neue Beachtung gefunden haben: Namen wie Meister Eckhart oder Teresa von Ávila, wie Johannes vom Kreuz oder Jakob Böhme zeigen eine neue Aufmerksamkeit für die innerchristliche Tradition mystischen Denkens und Erlebens an.

Das Wort «Mystik», mit dem diese Personen zusammengefasst werden, ist freilich ein Kunstbegriff. Zwar begegnet das Adjektiv «mystisch» schon in der Antike, aber das Substantiv «Mystik» tritt erstmals im 17. Jahrhundert in französischer Sprache («la mystique») auf, ehe es sich dann im 18. und 19. Jahrhundert allgemein durchsetzte. Die Wahrnehmung und Beschreibung von Mystik und ihre Definition entwickelten sich im christlichen Kontext – was nicht bedeutet, dass dies zu klaren Ergebnissen geführt hat. Bis heute gehen die Vorstellungen von Mystik weit auseinander. Auch der oft nahe liegende Weg, einen Gegenstand über die Etymologie, die Wortbedeutung, zu bestimmen, hat hier nicht wirklich weitergeholfen. Dabei scheint sich als Konsens abzuzeichnen, dass das Wort «Mystik» vom griechischen Wort «myein», sich schließen, herzuleiten ist, das sich insbesondere auf das Schließen von Augen und Mund bezieht. Dies gibt noch kaum positiven Aufschluss über das zu beschreibende Phänomen, bietet allerdings den Vorteil, wenigstens bestimmte Assoziationen zu korrigieren: Alltagssprachliche Verwendung weniger des Begriffs «Mystik» selbst als seiner Ableitung «mystisch» tendiert heute oft zu einem Verständnis im Sinne von «geheimnisvoll» oder Ähnlichem. Darin schwingt die sprachliche Nähe zum griechischen «mystērion», Geheimnis, mit, die aber keine Bedeutung für das etymologische Verständnis des Begriffs hat.

Angesichts dieser Schwierigkeiten hat der Literaturwissenschaftler Kurt Ruh in der Einleitung zu seiner *Geschichte der abendländischen Mystik* auf den Versuch einer umfassenden Definition verzichtet. Das war nicht nur eine Kapitulation vor der ungeheuer komplexen Lage, in der sich die Forschung hierzu befindet, sondern enthielt auch einen bestimmten methodischen Ansatz, den er nur sehr knapp erläuterte: Ruhs Grundgedanke war, dass man bei allen definitorischen Schwierigkeiten doch rasch eine gewisse Einigkeit über einen bestimmten Bestand an mystischen Schriften erzielen könnte. Und von diesem vortheoretischen Konsens ausgehend könne man dann, so der Gedanke Ruhs, ein literarisches Geflecht bestimmen, in dem weitere Schriften mit diesen sicher mystischen Schriften so verbunden seien, dass sie ihrerseits selbst als mystisch anzusprechen seien. Dieser Gedanke besticht dadurch, dass er nicht bei der Frage einsetzt, was mystisch ist, sondern welche Schriften beziehungsweise Autoren als mystisch angesehen werden: So wird die Gefahr vermieden, dass die Katze sich definitorisch in den Schwanz beißt, indem am Ende die aufgrund eines Vorverständnisses getroffene Phänomenauswahl das Vorverständnis nur mehr oder minder bestätigt. Seine Leistungsfähigkeit gewinnt ein solcher literaturgeschichtlicher Ansatz allerdings erst, wenn man ihn tatsächlich bis zu dem Versuch vorantreibt, ein Verständnis von Mystik darzulegen.

Vor diesem Hintergrund liegt den folgenden Darlegungen ein Verständnis von christlicher Mystik zugrunde, das ebenfalls von einem Kanon unzweifelhaft als mystisch anerkannter Texte ausgeht. Auf dieser Grundlage wird zunächst versucht, eine vorläufige inhaltliche Umschreibung des mit «christliche Mystik» Gemeinten zu geben, die dann in der Durchführung im Einzelnen ihr Profil gewinnen wird. Einem weitgehenden Konsens nach werden vor allem die Schriften des Pseudo-Dionysius Areopagita aus dem 5. Jahrhundert als mystisch angesehen, außerdem die Schriften Bernhards von Clairvaux im 12., Mechthilds von Magdeburg im 13. und die Meister Eckharts und des ihm nahe stehenden Kreises im 14. Jahrhundert – wenngleich gegenüber Meister Eckhart vereinzelt der Einwand erhoben wird, hier handele es sich um Texte, die eher der philosophischen Reflexion als der Mystik zuzuordnen seien. Dieser Einwand ist allerdings anachronistisch, da der Zusammenhang mit der neuplatonischen Philosophie und damit die philosophische Reflexion die christliche Mystik seit ihren Anfängen bei Pseudo-Dionysius begleitet. Schwerer wiegen die Einwände gegenüber einer Zuordnung des Apostels Paulus und Hildegards von Bingen zur Mystik, so dass beide, obwohl insbesondere letztere oft mit der Mystik in Verbindung gebracht wird, zunächst keine Berücksichtigung bei der Suche nach einem Verständnis von «Mystik» bzw. mystischer Theologie und Frömmigkeit finden sollten.

Das diesem Buch zugrunde gelegte Verständnis von Mystik orientiert sich an den genannten Namen und den mit ihnen in literarischem Zusammenhang stehenden beziehungsweise inhaltlich verwandten Autoren und Denkern beiderlei Geschlechts. Der gemeinsame Grundzug ist eine religiöse Haltung, die eine Transzendenz Gottes gegenüber dem glaubenden Menschen als gemeinsame Erfahrungstatsache voraussetzt und diese Transzendenz schon im Diesseits punktuell zu überwinden trachtet: Das Transzendente wird wenigstens momenthaft immanent – und hebt dabei die Begrenzungen des innerweltlichen Gläubigen auf. Der Weg hierzu ist der Weg der Introspektion, der Innenschau. Dieser Blick in das Innere führt zum Fernsten, dem transzendenten Gott – und er überbrückt nicht nur eine räumliche Distanz, sondern auch eine zeitliche. Letztlich bedeutet die Aufhebung der Begrenzungen zwischen Mensch und Gott eine Vorwegnahme der jenseitigen Erlösung, für die verheißen ist, dass Gott «alles in allem» sein werde (1. Korinther 15,28). Schon in diesem eschatologischen Spannungsbogen, der freilich nicht durchweg thematisiert ist, drückt sich eine christliche Spezifik aus, die noch deutlicher darin liegt, dass auf die eine oder andere Weise Jesus Christus als die entscheidende Vermittlungsgröße dieser Überwindung der Schranke zwischen Hier und Dort gilt.

Eine solche näherungsweise vorgehende – und selbstverständlich auch nicht völlig trennscharfe – Definition vermag andere Definitionsinhalte einerseits, Vorbehalte gegenüber dem Gebrauch des Begriffes Mystik andererseits zu integrieren. Relativ unproblematisch, was die Definition, nicht aber die Durchführung angeht, ist die allgemeine Benennung «christlicher» Mystik: Kurt Ruh hat sich auf die abendländische Mystik konzentriert, während der vorliegende Band neben der westlichen Tradition auch die östliche berücksichtigt, um den Horizont nicht vorschnell zu verengen. Dabei wird die Darstellung nicht streng chronologisch vorgehen können: Dionysius Areopagita beispielsweise wird in seiner Bedeutung für das östliche wie das westliche Christentum dargestellt, ehe dann noch einmal auf spezifische Bedingungen zurückgegriffen wird, die vor seinen vermuteten Lebzeiten anzusetzen sind, aber nur im Osten entscheidend wirksam wurden.

Schwieriger bleibt die Frage nach dem Verhältnis von Erfahrung und Reflexion in dem, was im Folgenden unter dem Allgemeinbegriff der «Mystik» vorgestellt wird. Es besteht, wenn man dem Vorschlag folgt, nicht der Zwang, bei allen Autoren, die der Mystik zugeordnet werden, mystische Erfahrungen vorauszusetzen bzw. Berichte von solchen Erfahrungen zu erwarten: Das, was mit Mystik als einer religiösen Haltung gemeint ist, ist nur durch Texte vermittelt, die ihrerseits selbst dann, wenn sie sich als reine Erfahrungsberichte geben, schon deutend sind. Das Phänomen der Mystik selbst ist also nur im literarischen Reflex gegeben, und die Suche von Menschen des 21. Jahrhunderts nach mystischer Erfahrung mag sich durch solche literarische Produkte inspirieren lassen, darf aber nicht umgekehrt in diese hineinprojiziert werden: Das, woraus rekonstruiert wird, was mit «Mystik» jeweils gemeint ist, ist streng genommen nur aus Texten mystischer Theologie oder aus Texten der Mystagogie zu erfassen, also aus deutenden und anleitenden Texten, die die Erfahrung der Einheit Gottes reflektieren beziehungsweise zu ihr anleiten wollen. Und gerade weil die moderne Forschung zu Recht skeptisch gegenüber der Voraussetzung einer Erfahrung geworden ist, soll auch im Folgenden nicht von «Erfahrung» die Rede sein, sondern wie in dem obigen Definitionsversuch von einer «religiösen Haltung», die ja auch unabhängig von bestimmten Erfahrungen Bestand haben kann.

Dieser Vorbehalt dürfte für alle Versuche gelten, das Phänomen der Mystik zu fassen, auch für solche, die über den christlichen Kulturkreis hinausgehen. Für die Betrachtung des Christentums ist von besonderer Bedeutung, dass man sich hier mit Schriften befasst, in deren Mittelpunkt eine religiöse Haltung oder Frömmigkeit steht, die in Konflikt mit amts- oder bekenntnistheologischen Vorgaben treten kann. Dies betrifft besonders solche Aspekte von Religiosität, die – im typischerweise eher katholischen Konfliktfeld – die Vermittlungsinstanz des Amtes für das Heil der Glaubenden betonen oder – eher im evangelischen Konfliktfeld – das Heil ganz an die Vermittlung durch das von außen gegebene Schriftwort binden. Man kann Mystik nicht einfach als Gegenbild zu «der» Kirche stilisieren, wie es gelegentlich gerne geschieht. Gerade der oben genannte Bernhard von Clairvaux gehörte zu den machtvollsten Gestalten der Kirche seiner Zeit, auch in ihren problematischsten Zügen, so wie umgekehrt Meister Eckhart einem Häresieprozess unterzogen wurde. An beiden Schicksalen zeigt sich die Ambivalenz christlicher Mystik, die offenbar ein Potenzial christlicher Religiosität aktualisiert, aber so, dass Spannungen auftreten können, deren Hauptgrund in dem beschriebenen Mittelpunkt der Mystik liegt: Wenn der Anspruch unmittelbarer Begegnung mit Gott erhoben wird, werden andere Vermittlungsinstanzen radikal relativiert. Sie müssen darum in ihrer Autorität nicht bestritten werden, können aber hinterfragt werden.

Diese Relativierung der Vermittlungsinstanzen hatte ihre besondere Bedeutung in einer Christenheit, in der von früh an das männliche Geschlecht eine Voraussetzung zur Ausübung eines leitenden Amtes war. Dass mystische Frömmigkeit die Möglichkeit zur Überbrückung dieser amtlichen Funktionsträger bot, ist ein wichtiger Grund dafür, dass hier in ganz anderem Ausmaß als etwa in den klassischen Bereichen der Dogmatik schon vom Mittelalter an Frauen als religiöse, theologische Schriftstellerinnen erscheinen. Diese Präsenz von Frauen hat dagegen nichts damit zu tun, dass Mystik wegen ihrer Emotionalität besonders weiblich wäre: Gegen solche Stereotypen spricht schon die Tatsache, dass ein Großteil der im Folgenden zu behandelnden Autoren Männer sind. Aber die in mystischer Frömmigkeit gegebene und in mystischer Theologie bedachte Unmittelbarkeit des Verhältnisses zu Christus setzt eine theologische Reflexion in Gang, die die geschlechtsgebundenen sozialen Schranken innerhalb der Kirche zwar nicht völlig außer Kraft setzte, aber zeitweise ganz erheblich relativierte.

Ebenso wichtig wie diese Normkonflikte sind noch andere Differenzen, die durch mystische Theologien innerhalb der christlichen Gemeinschaft zutage treten: «Mystik» galt und gilt immer wieder als ein Sonderkonzept, möglich nur für wenige Auserwählte. Dabei wird in der Regel an die Klöster des Mittelalters, der östlichen Kirchen oder des neuzeitlichen Katholizismus gedacht, aber auch in den pietistischen Sondergemeinden des Protestantismus haben sich Spuren einer solchen Ausgrenzung einer besonders hervorgehobenen Gruppe aus der normalen Gemeinde erhalten. Tatsächlich gibt es zahlreiche Schriftsteller und Schriftstellerinnen, bei denen Mystik an Sonderbegabung und Sonderexistenz gebunden wird. Doch es gibt auch als Gegenbewegung immer wieder Ansätze, mystische Frömmigkeit als eine Grundkonstante christlicher Frömmigkeit zu verstehen, den Zugang zu ihr nicht sozial zu limitieren, sondern breit zu öffnen. In der folgenden Darstellung geht es zum einen um die jeweiligen denkerischen Kontexte der mystischen Konzepte, zum anderen aber auch um die soziale Begrenztheit oder Universalisierbarkeit von Mystik. Mystik ist eine Bewegung zwischen elitärem Bewusstsein und allgemeiner Christlichkeit: Dies wird in der folgenden Darstellung auch immer deutlich werden. Und sie hat dabei auch eine Perspektive: Der große katholische Theologe Karl Rahner (1904–1984) hat festgestellt: «Der Fromme von morgen wird ein ‹Mystiker› sein, einer, der etwas ‹erfahren› hat, oder er wird nicht mehr sein.» (Rahner, GS 7,22)

II. «Christus in uns»

Grundlagen in der Bibel und den ersten Jahrhunderten des Christentums

1. Paulus

In der *Theologischen Realenzyklopädie*, dem wichtigsten repräsentativen Lexikon der deutschsprachigen Theologie, findet man unter dem Stichwort «Mystik» vier Unterpunkte: «religionsgeschichtlich», «kirchengeschichtlich», «systematisch-theologisch» und «philosophisch». Vergleicht man diesen Aufriss mit anderen Artikeln desselben Standardwerkes, so fällt das Fehlen einer eigenen Thematisierung des biblischen Befundes auf. Dies gibt der lange Zeit vorherrschenden Deutung der Nachkriegstheologie insbesondere im Protestantismus Ausdruck. Während noch zu Beginn des 20. Jahrhunderts Albert Schweitzer eine große Abhandlung über *Die Mystik des Apostels Paulus* abfassen konnte, wurde aufgrund der theologiegeschichtlichen Entwicklung der folgenden Jahrzehnte zunehmend der Gedanke einer Verbindung der biblischen Grundlagen des Christentums mit mystischen Vorstellungen verdrängt und das Neue Testament deutlich in einen nichtmystischen Deutungshorizont hineingestellt. Inzwischen ist die Forschungslage hier etwas entspannter. Nicht nur ein Blick auf Paulus selbst, sondern auch die verstärkte Hinwendung zu seinen jüdischen Wurzeln spielt bei dieser Wahrnehmung in der Forschung eine Rolle. Im frühen Judentum hat man nämlich inzwischen zunehmend Ansätze zu mystischer Frömmigkeit und Theologie gefunden. So nimmt man an, dass die in Qumran gefundenen Sabbatlieder, die ausführliche Beschreibungen der himmlischen Hierarchien enthalten, auch dazu dienen sollten, eine nicht präziser zu fassende Gemeinschaft mit den Engeln zu bewirken, die durchaus als Transzendenzüberschreitung zu fassen wäre, wie sie oben als konstitutiv für Mystik festgestellt wurde. Zudem wird auch deutlich auf die Bedeutung des jüdischen Philosophen Philo von Alexandrien (ca. 20 v. Chr. – ca. 45 n. Chr.) verwiesen, über den platonische Motive ins hellenistische Judentum und vielleicht bis zu Paulus gelangt sein können – und Plato ist und bleibt die wichtigste philosophische Instanz für jede Form christlicher Mystik. Religionsgeschichtlich wäre eine «Mystik des Apostels Paulus» also kaum eine Überraschung.

Freilich wäre es auch nach dem oben vorgetragenen weiten Begriff von Mystik verkürzt, das Neue Testament insgesamt als mystisch oder auch nur den Apostel Paulus einfach als «Mystiker» zu deuten. Doch lassen seine eigenen zurückhaltenden Hinweise auf Transzendenzerfahrungen – die Entrückung in den dritten Himmel und das Paradies (2. Korinther 12,2–4) – wenigstens fragen, ob die Späteren tatsächlich nur einem Irrtum aufgesessen sind, als sie in seinem Werk Anhaltspunkte für mystisches Denken fanden. In der Tat spielen nämlich eine Fülle von Bildern und Aussagen aus den Briefen des Paulus für spätere christliche mystische Texte eine ganz entscheidende Rolle. Von besonderer Bedeutung ist dabei die Wandlung, die der Mensch durch die Taufe erfährt:

> Oder wisst ihr nicht, dass alle, die wir auf Christus Jesus getauft sind, die sind in seinen Tod getauft? So sind wir ja mit ihm begraben durch die Taufe in den Tod, damit, wie Christus auferweckt ist von den Toten durch die Herrlichkeit des Vaters, auch wir in einem neuen Leben wandeln. (Römer 6,3–4)

Dieses neue Leben wird dann auch durch Formeln, die geradezu einen mystischen Identitätswechsel auszudrücken scheinen, beschrieben:

> Ich lebe, doch nun nicht ich, sondern Christus lebt in mir. Denn was ich jetzt lebe im Fleisch, das lebe ich im Glauben an den Sohn Gottes, der mich geliebt hat und sich selbst für mich dahingegeben hat. (Galater 2,20)

Solche Aussagen machen deutlich, dass es für spätere Autoren genug Anhaltspunkte gab, Formulierungen des Apostels Paulus als mystisch zu verstehen, auch wenn diese Formulierungen vermutlich zunächst nur eine allgemeine Bestimmung der christlichen Existenz bedeuteten, nach der Deutung von Hans-Christoph Meier etwa so viel wie «bestimmt von Christus».

Insofern sind diese Aussagen wohl nicht von so fundamentaler Bedeutung für eine Zuordnung des Paulus zur Mystik, wie Albert Schweitzer noch meinte, doch hat er selbst eine Spur zu ihrer Einordnung gelegt. Wiederholt hat er auch in seinem Mystik-Buch die Bedeutung der Nähe des Endes für Paulus herausgestrichen: Paulus war offenkundig überzeugt, dass noch zu seinen Lebzeiten der auferstandene Jesus Christus wiederkehren werde und die Glaubenden in seiner Nachfolge der Auferstehung teilhaftig werden würden (1. Thessalonicher 4,15). Er ging davon aus, dass die Nähe des Endes schon jetzt das Verhalten der Menschen bestimmen sollte: Angesichts der Nähe des Endes sollten «auch die, die Frauen haben, sein, als hätten sie keine» (1. Korinther 7,29). Lebensgestaltung war angesichts des in Christus schon vollzogenen Anbruchs des Endes nicht mehr in normalen Kategorien zu erfassen, sondern sie war grundlegend verändert, ja es gab neben der futurischen Eschatologie, der Erwartung des Zukünftigen, Aspekte einer von der heutigen Forschung so genannten «präsentischen Eschatologie», die die zukünftige Wirklichkeit schon jetzt erfahrbar machte. Eben hier ist der eigentliche Ort der mystisch eingefärbten Aussagen des Paulus.

Zu den Kennzeichen des Endes gehörte nach den alttestamentlichen Erwartungen die Ausgießung des Geistes (Joel 3,1) – und die frühen Christen waren der Meinung, dass genau dies sich in ihrer Zeit erfüllte (Apostelgeschichte 2,17 f. 33). Vor diesem Hintergrund sprach Paulus in einer leichten Abwandlung davon, dass die Liebe Gottes durch den Heiligen Geist in die Herzen der Gläubigen ausgegossen sei (Römer 5,5). Das Ende war schon angebrochen, auch wenn sein letzter Vollzug noch ausstand. Paulus lebte in einer deutlichen Spannung zwischen schon vollzogener Wirkung des Endes und noch zu erwartender voller Erfüllung der Hoffnungen, und es ist diese Spannung, die seine Aussagen trägt. Tatsächlich sind viele Aussagen bei ihm auf den einzelnen Glaubenden bezogen – etwa auch die zum Wohnen des Geistes in den Glaubenden (Römer 8,9–11). Aber so, wie hier der Plural steht, also jeder einzelne im Rahmen seiner gemeindlichen Gemeinschaft angesprochen ist, so kann Paulus gerade bei denjenigen Aussagen, die die Nähe Christi ausdrücken, zwischen Einzelnem und Gemeinde wechseln: Nicht nur der einzelne Glaubende ist Tempel Christi (1. Korinther 6,19), sondern auch die ganze Gemeinde (ebd. 3,16f.): Dass der Geist Gottes in den Glaubenden wohnt, ist ein Kollektivphänomen, und es ist ein Phänomen, das nichts mit einer bestimmten Anlage des Menschen zu tun hat, sondern es ist Ausdruck einer den Menschen verwandelnden neuen Zeit, die alles umgestaltet. Die ganze Situation des glaubenden Menschen ist durch Jesus Christus eine neue geworden: Statt verloren zu sein, ist er gerettet (1. Korinther 2,15; 4,3), statt in der Finsternis lebt er im Licht (1. Thessalonicher 5,4–5). Paulus spricht also nicht wie die oben genannten christlichen mystischen Schriftsteller von punktuellen Durchbruchserfahrungen, er spricht auch nicht, wie wir weiter unten noch sehen werden, von Seelenbestandteilen, die den Menschen immer schon mit Gott verbinden und nur freigelegt werden müssen, sondern er spricht von der Veränderung der gesamten Seinswirklichkeit der Menschen im Angesicht des Endes.

Am stärksten ist die hierdurch bewirkte Nähe zu Christus wohl in dem Bild vom Leib Christi ausgedrückt, das sich bezeichnenderweise auf die Gemeinde, also die Gemeinschaft der Glaubenden, bezieht:

> Denn wie der Leib einer ist und doch viele Glieder hat, alle Glieder des Leibes aber, obwohl sie viele sind, doch ein Leib sind: so auch Christus. Denn wir sind durch einen Geist alle zu einem Leib getauft (...) Ihr aber seid der Leib Christi und jeder von euch ein Glied. (1. Korinther 12,12f. 27)

Das Bild dient dazu, die unterschiedlichen Gaben innerhalb der Gemeinde in ein rechtes Verhältnis zueinander zu setzen. Es argumentiert also mit der Metapher des Organismus, die auch in politischen Zusammenhängen für ein Gemeinwesen verwendet werden konnte. Der Bezug auf die Geistesgabe und die Taufe unterstreicht aber, dass Paulus mehr bieten will als eine bloße Metapher: Die Gemeinde ist tatsächlich Leib Christi und wird als solcher durch Christus selbst konstituiert.

Die Aussagen, die es erlauben, bei Paulus einen Anhaltspunkt für mystische Formulierungen zu finden, haben ihre Basis also in einer ganz bestimmten Konstellation: Es ist die Nähe des schon angebrochenen Endes, die die Gemeinschaft der Glaubenden durch den Geist umgestaltet und den Einzelnen in die neue Seinswirklichkeit hineinnimmt. Verschiedene Charakteristika, die oben als kennzeichnend für Mystik genannt wurden, treffen hier also nicht zu. Denn es geht nicht um die Vorwegnahme des Endes im Einzelnen, sondern der reale, wenn auch noch unvollständige Beginn für alle wird in den Blick genommen, und dies in radikaler Weise. Vor allem aber ist das, was Paulus beschreibt, gerade nicht ein besonderer Moment innerhalb der christlichen Existenz, sondern konstituiert überhaupt erst die neue Seinswirklichkeit, in die der Christ mit der Taufe eintritt. Ein Mystiker, mystischer Theologe oder Mystagoge also war der Apostel Paulus nicht. Erst spätere Leser, die nicht in dem Bewusstsein der vollen Geistwirklichkeit standen, die die Distanz zum Weltende stärker betonten, konnten seine allgemeine Beschreibung christlicher Existenzweise auf momenthafte Erfahrungen verdichten – und diese unter Umständen auch noch an eine besondere Existenzform binden. Bei Paulus hingegen ist alles, was vor dem Hintergrund späterer Entwicklungen nach Mystik klingt, letztlich Ausdruck des Anbruchs des Endes durch den schon gekommenen Jesus Christus, das den Menschen ganz erfasst.

Diese Wirklichkeitsanalyse gab freilich trotz aller Differenz den späteren Mystikern starke Impulse für eine Beschreibung der von ihnen propagierten religiösen Haltung. Am wichtigsten hierfür ist die Verbindung von Tod und Auferstehung, die Paulus in dem oben angeführten Zitat aus Römer 6 ausgesprochen und im Fortlauf des Kapitels weiter ausgeführt hat. Zentrales Moment der Identifikation mit Christus ist hiernach das Kreuz: Der Glaubende ist schon mit Jesus Christus gekreuzigt. Das

Moment des Todes des Ich findet in der späteren mystischen Literatur reichen Ausdruck in den wiederholten Aussagen darüber, dass der Weg zu Gott ein Weg der Leugnung des eigenen Ich ist: Gerade indem die gegebenen Grenzen transzendiert werden sollen, müssen alle ichhaften Züge in radikalster Weise bestritten werden – und das Zentralsymbol, das die paulinische Deutung des Christentums hierfür zur Verfügung stellt, ist das Kreuz, von dem er an anderer Stelle sagen kann, es sei ein Ärgernis und eine Torheit (1. Korinther 1,18.23), weil es allen eigenen Ansprüchen des Menschen widerspricht. Solche Aussagen, die für sich genommen einen destruktiven Beiklang haben, gewinnen bei Paulus wie bei den mystischen Theologen, die sich auf ihn stützen, ihren Sinn allein dadurch, dass sie unmittelbar auf die Auferstehung bezogen werden: Die Kreuzigung mit Christus führt auch in die Auferstehung mit ihm, und das heißt zunächst einmal: Der Tod mit ihm führt in das Leben mit ihm. Der oben beschriebene Weg von der extremen Ferne zu Gott zur extremen Nähe findet in diesen Bildern Ausdruck, die Tod und Leben aufeinander beziehen und den Weg zum Leben allein durch den Tod des bisherigen Ich verheißen: Selbstverleugnung und hierdurch Selbstgewinn, das bleibt eine Grundfigur auch bei den Mystikern. Bei Paulus entlehnen sie auch den Gedanken, dass dieser Tod des Ich mit dem Kreuz verbunden ist: Das Mit-Christus-Gekreuzigt-Sein stellt einen unmittelbaren Bezug zwischen Heilsgeschichte und Individuum her, der seine Spitze in der Aufhebung des Individuums erreicht und es später ermöglichen sollte, dass die innerliche mystische Spiritualität sich mit sehr äußerlichen Formen bewusster Selbstkasteiung verbindet. Zu diesem Verständnis passen auch die schroffen Entgegensetzungen von Geist und Fleisch bei Paulus (Galater 5,16 f.), die später noch durch entsprechende neuplatonische Aufwertung des Geistigen überhöht werden konnten. Was immer hieraus an lebenspraktischer – und das hieß: leibfeindlicher – Umsetzung folgte, stand, ebenfalls von Paulus her, nicht im Zeichen des Zwangs, sondern der Freiheit (Römer 6,7; 7,1–4). Freilich werden an dieser Stelle auch die Unterschiede mystischer und nichtmystischer Paulus-Rezeption deutlich: Für die Vermittlung der

Freiheit ist bei Paulus eine ganz entscheidende Kategorie der Glaube (Römer 3,28), der sprachlich nicht anders als durch eine Unterscheidung von glaubendem Subjekt und geglaubtem Objekt im «Glauben an Jesus Christus» (Galater 2,16) auszudrücken ist. Daher waren Aussagen zum Glauben für die mystischen Theologen, die sich auf Paulus beriefen oder von ihm inspirieren ließen, weit weniger bedeutsam als Aussagen, die – wie die oben angeführte aus Galater 2,20, dass Christus «in mir» sei – das Personzentrum aufzuheben scheinen und damit Dimensionen der Christusbegegnung eröffnen, die die im Glauben vorausgesetzte Distanz überspringen.

2. Gnosis im 2. Jahrhundert

Bei solchen über Paulus hinausgehenden Deutungen wurde in starkem Maße die Philosophie Platos zu Hilfe genommen, die bei Paulus noch eine relativ geringe Rolle spielte. Eine deutlicher erkennbare Wirkung Platos liegt aber bereits in denjenigen Kreisen vor, die ihre religiöse Haltung bewusst und selbstbewusst mit dem Stichwort der «Erkenntnis», «Gnosis», verbanden und die lange Zeit hauptsächlich aufgrund der Darstellung durch ihre innerkirchlichen Gegner bekannt waren, die sie aus der kirchlichen Gemeinschaft ausgrenzten. Der Begriff der Gnosis mit seinen verschiedenen Ableitungen («gnostikos» etc.) war in der antiken Philosophie nicht sehr weit verbreitet, sondern fand sich vor allem bei Plato selbst und denjenigen, die ihm philosophisch folgen wollten. Das Auftreten einer solchen Selbstbezeichnung im christlichen Kontext weist also darauf hin, dass hier zumindest Versatzstücke des platonischen Denkens aufgenommen wurden.

Platonisches Denken begegnete dabei in Gestalt des sogenannten Mittelplatonismus, der sich seit dem letzten vorchristlichen Jahrhundert als wichtige Philosophenschule etabliert hatte. Aus dem reichen Erbe Platos stand hier vor allem der «*Timaios*» im Mittelpunkt, der Anlass zu vielfältigen Spekulationen über einen Demiurgen, einen Weltschöpfer, gab, der anhand der Urbilder, der Ideen, in die Materie eine Schöpfung hineingestaltete. Und gerade diese Vorstellung vom Demiurgen führte innerhalb der Gnosis zu Überlegungen, die dem nahe kommen, was oben als Erscheinungsformen christlicher Mystik beschrieben wurde – jedenfalls näher als alles, was in der Theologie des Paulus zu beobachten ist. Der Demiurg steht oft dafür, dass die materielle Welt in extremem Gegensatz zu dem absolut transzendenten Gott wahrgenommen wird: Aus der platonischen Philosophie wurde eine Entgegensetzung von Geist und Materie übernommen, die die gesamte Wahrnehmung der Wirklichkeit bestimmte und die den eigentlichen Schlüssel für die Erlösungsbedürftigkeit wie die Erlösungsmöglichkeit des Menschen darstellte: Der Mensch oder zumindest eine bestimmte Gruppe von Menschen wird als pneumatisch verstanden. Das heißt: Es handelt sich hier um solche Wesen, die äußerlich an die materielle Welt gebunden sind, in sich aber einen Kern tragen, der sie mit der Geistwelt verbindet und zu der geistlichen, transzendenten Welt zurückzieht. Dieser Weg vollzieht sich je nach den oft sehr spekulationsfreudigen Systemen über viele unterschiedliche Stufen hinweg, auf denen die transzendente Welt ihre eigentliche geistliche Wirklichkeit verloren hatte und die auf umgekehrtem Wege wieder zu beschreiten waren. Dieser Weg aber war eben das, was sich in der verbreiteten Benennung niederschlug: «Erkenntnis».

Die Gnostiker unterschieden sich damit oft kaum von den anderen Philosophen ihrer Zeit, und auch ihre Ideale, etwa das der Kontemplation, waren weit verbreitet. Dennoch trennten sie sich scharf von ihrer Umwelt, wohl mehr noch von der allgemein-christlichen als von der paganen (heidnischen): Die Selbstwahrnehmung bestimmter gnostischer Gruppen war bestimmt von dem Gedanken einer eigenen durch den Geist hervorgerufenen Verbundenheit mit dem Göttlichen, die, wie es scheint, oft elitär von anderen Existenzweisen, den bloß seelischen und leiblichen, unterschieden wurde. Sie lebten in einer Welt, aus der sie sich durch ihre Erkenntnis hinauszuziehen trachteten. Und dieser Weg in die Transzendenz war in gewissem Sinne auch ein Weg nach innen, eben zu jenem inneren Kern, der sie mit dem Göttlichen verband.

So weit kann das gesamte Phänomen der Gnosis durchaus wie eine Spielart von Mystik erscheinen – und zwar, da die neuere Forschung wohl zu Recht hervorhebt, dass «Gnosis» zunächst kein universalreligiöses, sondern ein spezifisch christliches Phänomen war: eine Spielart christlicher Mystik. Und doch zeigen sich bei näherem Hinsehen Differenzen, die zum Teil schon von christlichen bischöflichen Kritikern der Gnosis, unter denen im 2. Jahrhundert Irenäus von Lyon herausragte, gesehen wurden. Als wichtigster Differenzpunkt ist die Rolle des Erlösers zu nennen, die in der Gnosis weniger an Person und Leiden des irdischen Jesus hängt als an der Vermittlung der für den Weg zur Transzendenz nötigen Erkenntnis durch den Gottgesandten. Im Zuge des «Laboratoriums» christlicher Theologie (Christoph Markschies) war dies eine der Varianten, in denen man die Bedeutung Jesu Christi fassen konnte. Es war aber nicht diejenige, die sich durchsetzte, nach der im Gefolge der paulinischen Theologie Christus nicht nur eine anleitend-vorbildhafte, sondern eine konstitutive Bedeutung für das Heil zukam: Jesus Christus wurde im Zuge der Entwicklung der theologischen Lehre immer stärker als Erlöser gesehen, der nicht als bloßer Träger einer Lehre austauschbar war, sondern als Gott-Mensch unverzichtbar für den Heilsgewinn der Christen. Diese christologische Entwicklung wurde von den späteren christlichen Mystikern selbstverständlich vorausgesetzt.

Doch nicht nur auf dieser Ebene wird man einen Unterschied zwischen Gnosis und christlicher Mystik markieren dürfen. Das würde bedeuten, der Gnosis, die sich selbst als christlich verstand, aufgrund eines erst später entwickelten Begriffs ihre christliche Legitimität zu bestreiten, sie also nicht mit historischen, sondern mit dogmatischen Mitteln von der christlichen Mystik zu unterscheiden. Bedeutsamer ist ein anderer Unterschied: Gnostiker befinden sich auf einem stets fortschreitenden Weg der Erkenntnis; diese wächst und führt sie stufenweise immer näher an ihr Ziel, die Rückführung zu dem transzendenten Urgrund. Eben dieses Modell aber findet sich in der späteren christlichen Mystik nicht, in der das Bewusstsein der Distanz zum transzendenten Gott so stark ist, dass die Vereinigung mit ihm zwar in vollem Ausmaß geschehen kann, aber immer nur punktuell, als Vorgriff auf etwas, was eigentlich dem Jenseits vorbehalten ist.

3. Alexandrinische Theologie im 3. Jahrhundert

Die Gnosis ist weniger eine Spielart christlicher Mystik als eine enge Verwandte, die vor allem durch die Rezeption des Platonismus zu sehr ähnlichen Vorstellungen gekommen ist. Sie hatte auch mittelbar eine produktive Wirkung auf die Entfaltung der christlichen Mystik. Die Großkirche reagierte nämlich keineswegs nur durch Ausgrenzung auf die Gnosis, sondern auch durch Integration ihrer Anliegen, bis hin zu einer Erscheinung, die man auch als «kirchliche Gnosis» bezeichnet, weil ihre Träger in der Großkirche verankert waren. Es dürfte kein Zufall sein, dass sich diese Ausrichtung an dem wichtigsten Ort der Plato-Rezeption in der Antike findet, in Alexandrien, und dass sie gleichzeitig mit der Wandlung des oben beschriebenen Mittelplatonismus zum sogenannten Neuplatonismus auftritt. Als entscheidender Vermittler kann der mittelplatonische Philosoph Ammonius Sakkas (ca. 180–242) gelten, bei dem nicht nur der kirchliche Theologe Origenes von Alexandrien (ca. 185–ca. 254) lernte, sondern auch Plotin (ca. 205–270). Plotin hat dem Neuplatonismus seine eigentliche systematische Gestalt gegeben. Die sich im Mittelplatonismus herausschälende Betonung des «Einen» als des allem zugrunde liegenden Prinzips hat bei ihm ihre konsequente Ausgestaltung gefunden. Sein philosophisches Grundproblem ist die Erklärung des Zusammenhangs zwischen diesem Einen als dem transzendenten Prinzip der Wahrheit und der auf der Erde vorhandenen Vielfalt. Zwischen beidem, der Einheit und der Vielheit, denkt er sich ein System von Abstufungen, von Emanationen, in denen das Eine aus sich heraustritt, ohne doch seine Vorrangstellung jemals zu verlieren.

Sein etwas älterer Zeitgenosse Origenes war einer der wichtigsten Vertreter der alexandrinischen Theologie, die man früher gerne mit einer sogenannten Katechetenschule verbunden hat. Heute vermeidet man solche institutionellen Vorstellungen, die von der Welt des 3. Jahrhunderts eher fortführen als sie zu erhellen. Was sich um 200 in Alexandrien beobachten lässt, ist ein dichtes intellektuelles Milieu, an dem pagane Philosophen ebenso teilhatten wie christliche. Durch Ammonius Sakkas gewannen Grundelemente aus der platonischen Philosophie Bedeutung für seine christlichen Schüler, ohne dass schon, wie dann im Neuplatonismus, ein voll ausgebildetes System vorgelegen hätte. Viele Versatzstücke platonischen Denkens gingen so in das Christentum in seiner großkirchlichen wie seiner gnostischen Variante ein.

Insbesondere Origenes steht für eine Integration dieser Ansätze in die Großkirche seiner Zeit. Er verband Elemente des Mittleren Platonismus mit einem genuin biblischen Ansatz, vor allem dadurch, dass er schon in der Homerdeutung verwendete Regeln der Auslegung auf die Bibel übertrug: Diese sei nicht nur im historischen Sinn zu verstehen, sondern es gebe darüber hinaus auch einen seelischen und einen geistigen Sinn, und gerade letzterer verweise auf die himmlischen Urbilder. So war im biblischen Text abbildhaft die Wirklichkeit Gottes präsent und konnte von hier aus auch den Menschen ergreifen. Exemplarisch wurde dieser Bezug in Origenes' Kommentar und seinen Predigten über das Hohenlied, eine Sammlung orientalischer Liebeslieder, die Eingang in das Alte Testament gefunden hatte. Das darin geschilderte Zusammentreffen von Bräutigam und Braut sollte nun Christus in seiner Begegnung mit der Kirche darstellen, in dieser aber auch seine Hinwendung zur glaubenden Seele. Erstmals erscheint damit bei Origenes ein Motiv, das für die spätere Mystik von großer Bedeutung werden sollte: die Darstellung der Begegnung zwischen Glaubendem und Christus als intensive Liebesbeziehung anhand des Hohenliedes. Die Bibel selbst gab damit die Grundlage für eine Frömmigkeit der Unmittelbarkeit, wie sie konstitutiv für Mystik ist. Die Distanz zu den kirchlichen Normen, die für die Gnosis kennzeichnend ist, war in diesem Modell überwunden – ein biblischer Weg zur Mystik über Paulus hinaus war beschritten.

III. Das «überlichte Dunkel»

Christlicher Neuplatonismus bei Pseudo-Dionysius Areopagita

1. Das *Corpus Dionysiacum*

Der eigentliche Anfang christlicher Mystik liegt im 5. Jahrhundert bei einem Autor, der namentlich nicht bekannt und auch nur ungefähr zu datieren ist: Um 520 erwähnt Severus von Antiochien erstmals Bestandteile eines Schriftencorpus, das heute in zehn Briefen und vier Traktaten erhalten ist: *De caelesti hierarchia* (*Die himmlische Hierarchie*), *De ecclesiastica hierarchia* (*Die kirchliche Hierarchie*), *De divinis nominibus* (*Die göttlichen Namen*) und *De mystica theologia* (*Die mystische Theologie*). Der Autor dieser offenkundig zusammengehörigen Texte schreibt sich den Namen Dionysius zu (*ep.* 7,3) und suggeriert eine Nähe zum Apostel Paulus und seinem Umfeld, wenn er seine Schriften an eben jenen Timotheus richtet, an den auch zwei unter dem Namen des Paulus in den Kanon eingegangene Briefe gerichtet sind, oder wenn er auf ein Treffen verweist, an dem neben Paulus auch Petrus und Jakobus teilgenommen hätten (*div. nom.* 3,2), womit das sogenannte Apostelkonzil (Apostelgeschichte 15; Galater 2) gemeint sein dürfte. Er will sich also als ein Autor der apostolischen Zeit verstanden wissen, und die christliche Tradition ist ihm jahrhundertelang darin gefolgt.

Die spärlichen und zweifellos fiktiven Selbstangaben führten schon früh zu einer eindeutigen Zuordnung zu einer aus dem Neuen Testament bekannten Persönlichkeit: Ausgehend davon, dass er immer wieder die Unnennbarkeit und Unerkennbarkeit Gottes betont, verknüpfte die Tradition ihn mit jenem Dionysius, der nach Apostelgeschichte 17,34 die Predigt des Apostels Paulus auf dem Areopag gehört hat, die mit einer zufälligen Beobachtung des Paulus einsetzt: einem Altar «für den unbekannten Gott». Als Autor wurde also ein Dionysius vom Areopag oder Areopagita angesehen, der durch die zeitliche und persönliche Nähe zum Apostel einen Rang erhielt, der den biblischen Schriften nicht weit nachstand. Schon in Mittelalter und Renaissance kamen freilich Zweifel an der Authentizität dieser Gestalt und den mit ihr verbundenen verschiedenen Identitäten auf, und die Forschung des 19. Jahrhunderts hat endgültig mit der Annahme aufgeräumt, man habe es hier mit einem Autor aus apostolischer Zeit zu tun. Die Beweisführung hierfür war nicht schwer, da die Schriften eine Fülle von Hinweisen – Namen und Lehren – enthalten, die sie eindeutig in die nachapostolische Zeit verweisen. Man konnte die Entstehungszeit aber noch enger fassen, da die Texte unverkennbar das Werk des 485 verstorbenen neuplatonischen Philosophen Proklos voraussetzen, ja passagenweise wörtlich zitieren. So kommt man in die Zeit des ausgehenden fünften Jahrhunderts. Korrekterweise kann man also nur vom «Pseudo-Dionysius» sprechen oder vom *Corpus Dionysiacum*, um deutlich zu machen, dass man es hier keineswegs mit einer historisch verbürgten Gestalt aus apostolischer Zeit zu tun hat.

Gerade die philosophischen Quellen sind nun aber für die geistesgeschichtliche Einordnung von größter Bedeutung. Das *Corpus Dionysiacum* ist Ausdruck intensivster Amalgamierung von Philosophie und Christentum. Es unterstreicht, dass christliche Mystik von ihren Anfängen an auch eine Anwendungsform neuplatonischer Philosophie ist – und dass die gelegentlich in der Literatur anzutreffende Alternative, jemand sei Neuplatoniker *oder* Christ, das Ineinander von Philosophie und Christentum schematisch vereinfacht. Der Autor selbst reflektiert diese Gemengelage, wenn er sich gegen den Vorwurf wehrt, er habe die Lehren der Griechen in unangemessener Weise verkehrt. Im Gegenteil ordne er die griechische Weisheit in ihren eigentlichen Zusammenhang, die Verehrung des biblischen Gottes, ein (*Ep. VII: Ad Polycarpum*; PG 3,1077–1081). Philosophie und Christentum auseinanderzureißen oder gegeneinander auszuspielen – sei es um wahre Christlichkeit zu retten, sei es um die christlichen theologischen Aussagen einer genuinen Philosophie zuzuführen – würde diese Amalgamierung ignorieren, die letztlich auch nichts anderes ist als eine der vielen Varianten dessen, was durchweg in der Antike stattfand. Die christliche Theologie nahm die sie umgebende Philosophie auf und hätte ohne dies schwerlich überleben können, denn nur so konnte die Wahrheit der Bibel vor den denkenden Menschen der Zeit erwiesen werden. Hierdurch wandelte sich das Gottesverständnis und auch das Menschenverständnis. Eine Spielart dieses Vorgangs ist die Symbiose aus neuplatonischer Philosophie und individueller Heilshoffnung, wie sie seit Dionysius prägend für die christliche Mystik wurde.

2. Gott, der Unnennbare

Die neuplatonische Weltbeschreibung führte Dionysius – wie er der Einfachheit halber im Folgenden heißen soll – in eine Grundproblematik: Die Welt der Vielfalt, die sich auch in der Vielfalt menschlicher Begriffe niederschlägt, unterscheidet sich, so der Grundansatz jener Philosophen, die in der Spätantike an Plato anknüpften und ihn weiterdachten, von der Wahrheit eben darin, dass diese selbst nur eine, nach Plotin «das Eine», sein kann. Grundsätzlich ist die unterscheidende Erkenntnis des Menschen wie auch seine begrifflich-differenzierende Redeweise gegenüber der Wahrheit selbst immer unzureichend; diese selbst entzieht sich der Benennung. Gleichwohl – auch dies ist für die mystische Aufnahme neuplatonischen Denkens bedeutsam – ist die Vielfalt von dem Einen nicht nur getrennt, sondern die ganze Welt steht in einem kontinuierlichen Zusammenhang mit dem ursprünglich Einen. Dieses selbst hat, indem es aus sich heraustrat, durch eine anwachsende Entfernung von seiner geistigen Wirklichkeit hin zur Materialität die Unterscheidungen hervorgerufen, die wiederum in einer dauernden Abstufung des Seins stets neue, weitere Unterscheidungen erzeugen, so dass ein fortdauernder Zusammenhang zwischen dem Ursprung im Einen und der Welt der Vielheiten besteht, der seinerseits eine Art Leiter darstellen kann, auf der der Mensch zu jener einen Wahrheit emporsteigen kann. Und da die Vielfalt an der Materialität haftet, ist hier auch schon angelegt, dass dieser Weg ein geistiger ist.

Bereits Gregor von Nyssa (ca. 331/340–nach 394) hatte solche Gedanken christlich aufgenommen und mit Lichtmetaphorik umschrieben. In der Auslegung der Erzählung vom brennenden Dornbusch, in dem Gott Mose begegnet, ohne dass der Dornbusch verbrennt (Exodus 3), entfaltete er die Kernelemente mystischer Theologie: Er beschrieb die Zuwendung Gottes zum Menschen im Licht, die aber nur eine erste Annäherung darstelle. Der Mensch, der zu Gott aufsteigen wolle, müsse letztlich über das Licht emporsteigen, bis er «durch die Vielgeschäftigkeit des Denkens […] zum Unschaubaren und Unbegreiflichen» gelange. Hierin sehe er Gott im Nicht-Sehen (*De Vita Moysis liber* 2; GNO VII/1,87,1–7). Eine solche Auslegung unterstreicht, dass die volle Entfaltung der mystischen Theologie bei Dionysius Areopagita keineswegs unvorbereitet ist. Dionysius erfindet die christliche Mystik nicht, er findet ihre Ansätze vor, führt sie aber zu seinem stringenten Gedankengang zusammen, der den Bogen zu spannen vermag zwischen einer theoretischen Darlegung, die sich auf dem Niveau der zeitgenössischen Philosophie bewegt, und einer Begründung der kirchlichen Ämterhierarchie. Die vier sehr unterschiedlich langen Traktate – die nur Teil eines geplanten umfangreicheren Opus sind – fassen die gesamte Wirklichkeit von Welt und Kirche in einem System zusammen, in dessen Mittelpunkt der mystische Weg zu Gott steht.

Grundlage seines Denkens ist die paradoxe Umschreibung der Wahrheit, wie sie bei Gregor von Nyssa im Gefolge der Neuplatoniker begegnet und bei ihm wie bei Dionysius auf den christlichen Gott der Bibel bezogen wird: Dieser ist, so Dionysius, «überlichtes Dunkel» (*myst. theol. I,1;* CD II,142,1 f.). Das ist ein Paradox, aber doch nicht ganz entfernt von der Alltagserfahrung, dass zu große Helligkeit blendet. Die paradoxe Metapher zeigt zugleich das Problem an, dass die Wirklichkeit der Wahrheit, die Wirklichkeit Gottes, durch Anstrengungen des menschlichen Begriffsvermögens nicht erreichbar ist, sofern und so lange dieses diskursiv, und das heißt auch: unterscheidend, vorgeht. Die elementare Grundunterscheidung von Licht und Finsternis gilt für die Wirklichkeit Gottes nicht und ist daher nur in einer paradoxen Wendung auf ihn anwendbar, in der sich die Gegensätze gegenseitig aufheben, ohne dass jenseits der paradoxen Zusammenfügung beider Begriffe ein Begriff bereitstünde, der das damit Gemeinte konsistent benennen könnte. Blickt man auf diese Unerreichbarkeit und Unverstehbarkeit, so wird deutlich, dass bei Dionysius «Mystik» und das als Sakrament gefasste «Mysterium» sehr eng zusammengehören: Das mystische Erkennen ist geradezu das, was den Weg zu den göttlichen Mysterien eröffnet (*myst. theol.* I,1; CD II,142,1).

3. Wege zu Gott

Dieser Geheimnischarakter liegt darin begründet, dass das Göttliche, dass Gott selbst unnennbar und ohne Namen ist. Und doch findet sich in der Bibel eine Fülle von Namen (*div. nom.* I,6; CD I,118,11–119,9), ja es finden sich sogar anthropomorphe, menschengestaltige Bilder von Gott (*div. nom.* I,8; CD I,120,14–121,3). Diese Namen lehnt Dionysius nicht einfach ab, sondern er deutet sie als eine Hilfe Gottes, auf die der Mensch in seiner Begrenztheit angewiesen ist. Um bei dieser Hilfe zu bleiben, sind für ihn aber nur solche Namen legitim, die in der Bibel enthalten sind, nicht aber solche, die der Begriffstätigkeit des Verstandes entspringen. Die Bibel ist ein herausgehobener Weg, den Gott zu den Glaubenden genommen hat und der von diesen umgekehrt als Weg zu Gott beschritten werden kann. Dionysius drückt dies in dem Bild der Durchflutung von Licht aus: In der Bibel findet sich ein Strahl göttlicher Erhellung, der von jenem letztlich unnennbaren überlichten Dunkel ausgeht. Im Rahmen des neuplatonischen Denkens von Abstufungen der Seinswirklichkeiten findet damit die Bibel einen hervorgehobenen, philosophisch weder zwingenden noch auch nur vorgesehenen Platz als eine Offenbarung der Gottesnamen, wie sie stets «gemäß der Fassungskraft eines jeden der Vernunftwesen» erfolgt (*div. nom.* I,1; CD I, 109,3 f.).

Wenn Dionysius von Offenbarung spricht, so denkt er nicht an ein volles Selbstkundtun Gottes. Dieses ist nach seinem neuplatonischen Grundverständnis unmöglich, weil das endliche

Denken des Menschen innerhalb seiner Welt des Vielfältigen das Eine und Unendliche gar nicht zur Gänze erfassen kann. Eine dezidiert biblisch-christliche Wendung aber gibt er seiner Philosophie, wenn er in den Namen, die die Menschen in positiver Rede Gott zumessen, einen Ausdruck der Selbstkundgabe Gottes sieht: Gott ist begrifflich durch die Eigentätigkeit des Verstandes gar nicht zu erreichen, sondern ausschließlich durch eine Teilhabe, die er selbst ermöglicht. Durch diesen Gedankengang verbindet Dionysius den unpersönlichen Gottesbegriff des Neuplatonismus mit einer biblischen Grundlegung, wobei er zwar auch den biblisch bekundeten Gott als Hinweis auf eine letztlich über allem Personellen stehende Gottheit versteht, die persönlichen Züge aber in das gesamte System einzuordnen vermag. Dass hiermit die pagane Philosophie durch göttliche Offenbarung legitimiert wird, wird aber nicht einfach als Gegensatz zu neuplatonischem Denken verstanden, sondern als eine Art Veredelung, die darum auch unmittelbar wieder mit Hilfe neuplatonischer Denkformen ausgedrückt werden kann: Wenn Dionysius die Gottesbegriffe als «Gestalt und Bilder» oder als «Symbole» (*div. nom.* I,4; CD I,114,4; 115,6) bezeichnet, so nimmt er neuplatonische Konzepte auf, nach denen das Bild nicht von dem Abgebildeten abgetrennt ist, sondern dieses selbst in freilich unzureichender Form in sich präsent hält (*div. nom.* II,8; CD I,132,14–133,4). Die moderne Symboltheorie greift das dahinter liegende platonische Verständnis auf, wenn sie Symbole, etwa Hoheitssymbole wie Landesflaggen, im Unterschied zum Zeichen als etwas der Willkür Entzogenes, mit dem Symbolisierten Verbundenes beschreibt. Die durch Gott selbst ermöglichte Symbolwelt gibt also tatsächlich Anteil an Gott selbst. Und doch liegt in ihr zugleich eine Differenz zu Gott selbst. Daher kann in Analogien von Gott geredet werden (*div. nom.* I,4; CD I,115,8), also in einer Begrifflichkeit, die nicht völlig identisch mit dem Gebrauch für die geschöpfliche Welt ist, aber doch so weit mit dieser zu tun hat, dass dem menschlichen Verstehen eine Brücke zu seinem sonstigen Sprechen gebaut ist. Systematisierend hat man eine einfache *via positiva* der Gottesrede von einer *via analogiae*, einer Redeweise in analogen Begriffen, unterschieden. Hinzu kommt bei Dionysius und anderen Neuplatonikern noch eine dritte Sprechweise: die *via eminentiae*, das heißt eine Übersteigerung der irdischen Begriffe zur Bezeichnung Gottes: Gott ist übergut, übergöttlich etc. (*div. nom.* II,3; CD I,125,14–126,2): Um sich sprachlich dem Umstand anzunähern, dass Gott die Begrifflichkeit überragt, wird auf diesem dritten Weg der Versuch gemacht, innerhalb des Begrifflichen die Begrifflichkeit zu übersteigen.

Gerade die *via eminentiae* steht bei Dionysius wiederum in einem christlichen Kontext, denn für die Gottesrede ist der Horizont des dionysischen Denkens weniger der theologische Traktat als – durchaus einer Tradition östlicher Theologie entsprechend, für deren Ausgestaltung die Liturgie eine ganz entscheidende Grundlage bildete – das hymnische Gebet. Auch seine eigenen Schriften, die die moderne Forschung als Traktate ansieht, verdanken sich seinem Selbstverständnis nach letztlich dem Gebet (*div. nom.* III,1; CD I,139,13–16). Hierfür ist kaum eine Sprache so angemessen wie die, die im hymnischen Preisen Gott über alles erhebt, was der Mensch kennt. Das Gebet ist hier freilich nicht bloß Antwort des Menschen auf die Offenbarung Gottes, sondern die Rückbewegung zu Gott auf eben jenen Stufen der Gottesbegrifflichkeit, die Gott selbst bereitet hat. So bildet sich schon auf diesem Weg der kataphatischen, d. h. positive Aussagen treffenden Theologie das Grundmodell der Erlösung ab, in dem das neuplatonische Christentum des Dionysius sein Zentrum hat: der Weg aus der Welt der Unterscheidungen zurück in die grundlegende Einheit, in der alle Unterschiede aufgehoben sind (*div. nom.* I,4; CD I,112,13 f.). Weil Gott die Ursache von allem ist und alles letztlich nur in der Weise existiert, dass es Anteil an den Vollkommenheiten in Gott selbst hat (*div. nom.* IV,10; CD I,154,23–155,7), strebt alles auch zu Gott zurück. Das gilt für die Schöpfung insgesamt, und es gilt in besonderer, bewusster Weise für den Glaubenden, der seinem Zurückdrängen im Gebet Gestalt geben kann.

Doch diese Rückbewegung ist auf den Wegen der Benennung – sei sie positiv, analog oder eminent – nicht vollständig zu erreichen. Trotz der großen Bedeutung, die Dionysius diesen Redeweisen zumisst, betont er, dass sie sich Gott zwar annähern, ihn aber nie erreichen können, eben weil sie sich im Bereich der Benennungen und damit des unterscheidenden, diskursiven Verstehens bewegen. Gott selbst aber, sofern er über alles erhaben ist, ist wesenhaft unnennbar das Eine. So erkennt der Mensch an den Grenzen seiner Rede- und Verstehensfähigkeit, dass Gott jedenfalls anders ist, als die menschliche Begrifflichkeit erfassen kann. Damit eröffnet sich eine weitere Redeweise:

> Noch höher steigend, sagen wir von ihr (der Allursache) aus, dass sie weder Seele ist noch Geist; ihr ist auch weder Einbildungskraft, Meinung, Vernunft oder Denken zuzuschreiben, noch ist sie mit Vernunft und Denken gleichzusetzen, noch wird sie ausgesagt, noch gedacht. Sie ist weder Zahl noch Ordnung, weder Größe noch Kleinheit, weder Gleichheit noch Ungleichheit, weder Ähnlichkeit noch Unähnlichkeit. Sie hat weder einen festen Stand, noch bewegt sie sich, noch rastet sie ... Sie entzieht sich jeder (Wesens-) Bestimmung, Benennung und Erkenntnis. (*myst. theol.* V; CD II,149,1–5; 150,3 f.)

Die Unmöglichkeit, Gott zu erfassen, führt also auf die *via negativa*. Deshalb gilt Dionysius der christlichen Tradition auch zu Recht als Begründer der sogenannten negativen Theologie, die von Gott nur auszusagen vermag, was er nicht ist. Tatsächlich traut Dionysius solcher negativen Theologie in noch höherem Maße als jeder Form positiver Gottesrede zu, den Menschen langsam an Gott anzunähern, ja die Seele mit Gott zu verbinden, «soweit unser Verbundenwerden mit ihm möglich ist». (*div. nom.* XIII,3; CD I,230,4 f.) Bei solchem Lob der negativen Theologie muss aber stets bedacht werden, dass diese nicht eine einfache Negation darstellt: Gott ist so wenig Gleichheit wie Ungleichheit, so wenig Größe wie Kleinheit. Negative Theologie ist also nach Dionysius nur dann angemessen, wenn sie wirklich umfassend alles von Gott verneint, das Gesetzte wie sein Gegenteil. Die pure Verwendung negativer Sätze, um sozusagen im Umkehrschluss doch indirekt etwas Positives von Gott auszudrücken, so wie man Licht definieren könnte als Abwesenheit von Dunkelheit, wäre noch nicht das, was Dionysius hier anstrebt. Verneint wird jeder Begriff und damit jede Begrifflichkeit. Das hat seinen Sinn nur als Überschreitung der Grenzen des menschlichen Verstandes, als Hinausführen des Menschen über die begrifflich unterscheidende Welt, in der er sich normalerweise orientiert.

Der Mensch, der sich in Gebet und Denken Gott zuwendet, wird so in einen Bereich geführt, der die Unzulänglichkeit allen menschlichen Denkens und Redens erweist. Erst hier, wo Verstehen aussetzt, ist tatsächlich eine Gottesbegegnung möglich, erst hier ist der Boden für das bereitet, was man als mystische Gottesbegegnung bezeichnen kann: Der Mensch gelangt zur Einigung mit Gott, zur Überwindung der Transzendenz. Jenseits der auf Trennung von Subjekt und Objekt basierenden Verstehensmöglichkeiten des Menschen, die für Gott unzureichend sind, weil dieser niemals ein Objekt sein kann, eröffnet sich eine Dimension, die diese Trennung aufhebt und damit zur eigentlichen Wahrheit vordringt. Dass damit die Grenzen der Vernunft überschritten werden, bedeutet nicht, dass es sich um einen affektiven oder emotionalen Vorgang handelt – eine Vorstellung, die oft mit Mystik verbunden wird. Von solchen Spekulationen ist bei Dionysius keine Spur: Die Begegnung der Seele mit der Vernunft bedeutet auch insofern eine Aufhebung der diskursiven Unterscheidungen, als nun nicht eine innermenschliche Gegenkraft zur Vernunft leitend wird, sondern der Mensch überschreitet alles, was ihn innerirdisch ausmacht, die von Dionysius kaum thematisierten Gefühle ebenso wie seine Vernunft.

Der Vorgang, in dem dies geschieht, wird von Dionysius – wiederum neuplatonische Vorläufer aufgreifend – als «entrückend», *ekstatikos* (*div. nom.* IV,13; CD I,158,19), bezeichnet: ein momenthaftes Geschehen, in dem der Mensch ekstatisch existiert und damit sich selbst gewissermaßen hinter sich lässt:

> Denn nur wenn du dich bedingungslos und uneingeschränkt deiner selbst wie aller Dinge entäußerst, wirst du in Reinheit zum überseienden Strahl des göttlichen Dunkels emporgetragen, alles loslassend und von allem losgelöst. (*myst. theol.* I,1; CD II,142,9–11)

Nun existiert der Mensch nicht mehr selbst, sondern Christus in ihm, wie Dionysius unter Berufung auf die oben zitierte Aussage des Paulus aus dem Galaterbrief sagen kann (*div. nom.* IV, 13; CD I,159,5 f.). Aus der eschatologischen Existenzform der ersten Christenheit wird hier eine mystische, die den individuellen Menschen dadurch, dass er in der Entrückung zu Gott erhoben wird, ganz von Christus erfüllt sein lässt. Er gelangt zu einer «Entschränkung» seiner selbst, die im eigentlichen Sinne Aufhebung von Schranken ist: ein Aufgehobensein in seinem Urgrund, das dem oben angedeuteten Ziel aller Bewegung in der Wirklichkeit entspricht. Er erfährt die Rückkehr zu seinem Ursprung, von dem er nie wirklich getrennt war, und wird nun, freilich angedeutet durch die Rede von der Entrückung, nur momenthaft ganz von diesem Urgrund erfüllt und getragen. Er hat ein neues, nämlich sein altes und eigentliches Personzentrum gewonnen. Die durch und durch philosophische Redeweise, in der Dionysius dies vorträgt, schließt es aus, dieses Überschreiten der Vernunft als antirational einzuordnen: Das Ausloten der Grenzen der Vernunft bedeutet nicht eine Negierung der Vernunft innerhalb ihrer wohlverstandenen Grenzen. Die philosophische Redeweise macht es aber vor allem unmöglich, eine Erfahrungswirklichkeit zu benennen, die den Lehren des Dionysius entspräche. Es ist nicht eigentlich die Erfahrungswirklichkeit, um die es Dionysius geht, sondern die angemessene Rede von der Berührung zwischen Gott und Mensch mit Hilfe einer begrifflichen Sprache, die gerade hierzu nicht ausreicht. Dionysius ist kein Mystagoge, sondern ein Lehrer der Gotteserkenntnis, ihrer Grenzen und ihrer Möglichkeiten. Wollte man ein Verständnis von Mystik schlicht an bestimmte Erfahrungen binden, so würden die Anhaltspunkte bei ihm nicht ausreichen, ihn der Mystik zuzuordnen. Versteht man aber mystische Lehre als die Lehre von der Überschreitung der Grenze zwischen Immanenz und Transzendenz schon in der Welt vor dem Einbruch des Endes, so ist Dionysius ein herausragender Vertreter der Mystik.

Mit den anderen mystischen Schriftstellern geht er von der scheinbar unüberwindbaren Differenz zwischen Gott und Mensch aus. Dass überhaupt dieser Anschein einer Trennung beider aufkommen kann, beruht nach Dionysius letztlich darauf, dass die von Gottes reiner Geistigkeit ausgehende Wirklichkeit in zunehmender Weise durch Materie angereichert und damit verunreinigt ist. Die Unterscheidung von Fleisch und Geist, die Paulus in pneumatologischer, auf das Wirken des Heiligen Geistes ausgerichteter Perspektive anspricht, wird durch den Einfluss der neuplatonischen Philosophie bei Dionysius zu einer deutlichen Entgegensetzung von Geist und Materie mit einer klaren Vorrangstellung des Geistes. Der Prozess der Überwindung menschlicher Begrenztheiten, den Dionysios vor allem aufgrund seiner eigenen Schrift über die göttlichen Namen vorwiegend als Lösung von den Begriffen beschreibt, beginnt darum mit einem Reinigungsprozess, einem Abstreifen des Materiellen (*katharsis/purgatio*). Auf diese Reinigung folgt, so eine immer wieder unter Berufung auf Dionysius ausformulierte, freilich schon vor ihm belegte Trias, die Erleuchtung (*photismos/illuminatio*), die dann auf der dritten Stufe zur Vollendung (*teleiosis*) führt, der Einheit (*henosis/unio*) mit Gott.

Diese Dreistufigkeit hängt damit zusammen, dass sowohl die neuplatonische Philosophie als auch die im vierten Jahrhundert ausformulierte Trinitätslehre einen Dreierrhythmus vorgaben. Die Entäußerung des Einen, Göttlichen hatte sich nach Proklos in Triaden geäußert, in Dreiergruppen, durch die hindurch sich das Göttliche gewissermaßen spiralförmig zu den niederen Seinsstufen hin bewegte. Ebenso hatte sich nun auch – nach Dionysius – Gott zunächst in einer Dreiergruppe, eben der Trinität, manifestiert (*div. nom.* I,4; CD I,112,14–113,2). Er ging sicher an die Grenze des theologisch Vertretbaren, wenn er erklärte, noch der Kern der Trinitätslehre, der Zusammenhang von Einheit und Dreiheit in Gott, sei eigentlich eine unzureichende Beschreibungsweise für das Verstehen der reinen Einheit Gottes, die diesen Formen des Begreifens vorgelagert sei (*div. nom.* XIII,3; CD I,229,10–14): Das philosophische Einheitsdenken überlagerte hier die christliche Bekenntnisbildung.

Der Trinität folgt eine Vielzahl von Triaden. Das ist der eigentliche Sinn der Schrift von den himmlischen Hierarchien. Dionysius systematisierte die verschiedenen biblischen Andeutungen über Ordnungen im Himmel zu einer Triade von jeweils wieder in sich triadisch strukturierten Engelchören (*cael. hier.* VI,2; CD II,26,11–13). Die jeweiligen Unterordnungen der Engel unterscheiden sich nach dem Maße ihrer Nähe zum göttlich-geistigen Ursprung, also nach dem Grad ihrer Geistigkeit und Lichtfülle. In kosmischer Perspektive liegt hier eben jenes neuplatonische Abstiegs- und Aufstiegsdenken vor, das auch die Deutung der Gottesnamen und damit des biblischen Textes bei Dionysius prägte: Der ganze Himmel wird in Hierarchien, das heißt in Stufenleitern, aufgeteilt, auf denen Gott sich in die äußere Wirklichkeit hinein entäußert hat und die der Mensch auf dem Rückweg zu Gott beschreiten kann. So sind dann auch für die punktuellen Annäherungen an Gott auf dem Wege zur Einigung mit ihm verschiedene Stufen anzugeben, auf denen sich der Mensch jeweils befindet, so wie Paulus selbst von einer Entrückung in den dritten Himmel berichten konnte (2. Korinther 12,2).

4. Vermittlung durch die Kirche

Die Hinwendung zu diesen himmlischen Hierarchien erfolgt über eine weitere Vermittlungsstufe: die irdische Kirche. Sie ist das Thema der Schrift von den kirchlichen Hierarchien. Wiederum begegnet hier die Dreizahl der kirchlichen Ämter, die als Abbild der himmlischen Hierarchie gilt und so, ganz im Sinne des platonischen Abbildschemas, Anteil an dieser hat. In Bischof, Priester und Diakon bildet sich die himmlische Trias ab (*eccl. hier.* V,6; CD II,108,5–18), so wie wiederum die Gestalt der Kirche in die Dreiheit der Mönche, der gewöhnlichen Laien und der Katechumenen, also derer, die noch vor der Taufe standen, eingeteilt war. Das komplexe System, das Dionysius in diesen einander zugeordneten Schriften entfaltet, bindet den Gedanken der mystischen Einigung vollständig in die kirchlichen Vorgänge ein. Das Erleben der kirchlichen Hierarchie in der Liturgie, an der Bischof, Priester und Diakon beteiligt waren, öffnete das Geschehen im Gottesdienst für die dahinter stehende himmlische Wirklichkeit und gab zugleich, insbesondere in den Sakramenten, Anteil an dieser jenseitigen Wirklichkeit. Wer dem Gottesdienst beiwohnte, war – damit band Dionysius die sich abzeichnende Entwicklung der östlich-orthodoxen Liturgie ein und unterstrich eine sie bis heute prägende Richtung – in einem triadisch unterteilten Kontinuum mit den Engeln, letztlich mit Gott selbst verbunden.

So sehr Dionysius den mystischen Durchbruch nur in individuellen Kategorien beschreiben konnte, so sehr er die Mönche als höchsten Stand innerhalb der Kirche hervorhob (*eccl. hier. VI,3*; CD II,116,7 f.), blieb sein mystisches Denken mit diesen Ausführungen doch in der Gesamtheit der Kirche verankert. Die Liturgie wurde zum entscheidenden Ausgangspunkt für die Begegnung zwischen diesseitiger und jenseitiger Wirklichkeit. In einem grandiosen Entwurf verband Dionysius die Grundelemente der christlichen Tradition – die Schrift und die kirchliche Amtsstruktur, Gemeindeleben und monastische Existenz – in einem System, das einen grundlegenden kosmologischen Entwurf auf der philosophischen Höhe der Zeit bot. Eben diese umfassende Einbindung bedeutete, dass der mystische Weg, der nur den besonders Eingeweihten – nach den Ausführungen in *eccl. hier.* wohl Mönchen – zugänglich war (*Myst. theol.* I,2; CD II,142,12), stets rückgebunden blieb an die Erfahrbarkeit des Heiligen in der Kirche überhaupt. Die Kirche war der Ort, an dem der Mensch zu seinem wahren Ursprung hingeführt wurde, an dem er die Erfüllung seiner philosophischen Hoffnung in Gestalt der mystischen Einigung mit Gott anstreben und letztlich durch Erfüllung der angemessenen Abstufung von Reinigung, Erleuchtung und Einigung erfahren konnte. Dionysius vertrat somit nicht nur eine kirchliche Mystik, sondern geradezu eine mystische Kirchlichkeit.

5. Transfer in den Westen

Die einzigartige Verbindung dieser umfassend-komplexen Gedanken mit einem Autor, der als Apostelschüler höchste Autorität genießen durfte, machte sie zu einer Grundlage für das gesamte christliche Mittelalter – und dies, obwohl die Wege zwischen östlicher und westlicher Christenheit schon lange vor dem symbolischen Bruch des Jahres 1054 auseinandergingen, im Westen wie im Osten. Die Rezeption im Osten war schon allein durch den sprachlichen Zusammenhang mit dem Griechisch des Autors leicht, zudem kam ihr die starke Orientierung an der Liturgie entgegen. Im Westen konnten die Gedanken des Dionysius nur vermittelt ankommen, erfuhren aber auch hier mehrfache Unterstützung und Verstärkung. Maßgeblicher Übersetzer wurde Johannes Scotus Eriugena (ca. 810–ca.880), der als Theologe am Hofe Karls des Kahlen (840–877) wirkte und auf dessen Bitten hin das *Corpus Dionysiacum* übersetzte und kommentierte. Die Schriften hatte 827 der oströmische Kaiser Ludwig dem Frommen geschenkt. Dieser hatte sie an das Kloster St. Denis weitergeleitet, wo zunächst der Abt Hilduin eine schwer verständliche Übersetzung vorgelegt hatte, die nun durch Eriugenas Werk an den Rand gedrängt wurde.

Staats- und kirchenpolitische Diplomatie zeigen die Bedeutung an, die dem *Corpus Dionysiacum* und der fiktiven Person des Dionysius Areopagita mittlerweile zugewachsen war: In Paris wusste man aufgrund der Berichte des Gregor von Tours (538/9–594) von einem Märtyrerbischof des 3. Jahrhunderts mit Namen Dionysius, dem die als Grablege bedeutender Merowinger und Karolinger der politischen Symbolik nach wichtigste Kirche Frankreichs, St. Denis, geweiht war. Ungeachtet der eigentlich unüberbrückbaren Differenz zwischen der apostolischen Zeit und der Zeit der Märtyrer wurde nun dieser Bischof mit dem Areopagiten gleichgesetzt, so dass dieser über seine Apostelnähe hinaus noch durch das Martyrium veredelt und mit einem politischen Zentralort des späteren Frankreich verbunden sowie an den für die Entstehung christlicher Theologie produktivsten Ort, Paris, gebunden war. In der kunsthistorischen Forschung wurde sogar die These vertreten, es sei gerade die Dionysius-Auslegung gewesen, die den Geist der Gotik inspirierte, der erstmals an St. Denis verwirklicht wurde. Auch wenn diese These heute fragwürdig erscheint, dürfte doch außer Zweifel stehen, dass das neuplatonische Denken in der Gestalt, wie es dem Abendland durch Dionysius vermittelt wurde, das Verständnis des Kirchenraums im Mittelalter entscheidend mitgeprägt hat. Es gab auch andere Vermittlungsinstanzen für neuplatonisches Denken, nicht zuletzt den Kirchenvater Augustin. Aber die deutliche Akzentuierung der Lichtmetaphorik für Gott, die enge Verbindung zwischen kirchlicher und himmlischer Realität, die Dionysius beschrieb, sie findet sich vielfach im liturgischen Verständnis des Mittelalters auch im Westen wieder, wenn in der Liturgie im Kirchenraum die Welt der Engel präsent wird. Insofern führt von Dionysius aus eine Linie zur mittelalterlichen Frömmigkeit, die in gewisser Weise die gesamte Wahrnehmung der Liturgie mystisch grundiert. Wenn eingangs die latente Spannung zwischen christlicher Mystik und offizieller Kirchlichkeit angesprochen wurde, so wird gerade hier deutlich, dass Mystik auch eng in die umfassende kirchliche Frömmigkeit eingebunden war. Messerklärungen – wie etwa die des Amalar von Metz (ca. 775/80–ca. 850) oder, sehr viel später, des Durandus von Mende (1230/1–1296) – zeigen noch im hohen Mittelalter, dass Liturgie ähnlich wahrgenommen wurde wie seit Origenes der biblische Text: als eine irdische Wirklichkeit, in der die himmlisch-jenseitige Realität präsent war. Bibel und Liturgie, kirchliche Hierarchie und Kirchenbau bildeten so Orte der Begegnung zwischen Immanenz und Transzendenz. Sie sind insofern der Raum, in dem sich verdichtete mystische Frömmigkeit immer neu entfalten konnte. Aber es blieb nicht bei einer solchen allgemeinen mystischen Grundierung christlicher Frömmigkeit, sondern es gab auch besondere Frömmigkeitsformen, in denen die Unterscheidung von Transzendenz und Immanenz wenigstens momenthaft als überwunden angesehen wurde, so dass der transzendente Gott nicht nur nahe kam, sondern es tatsächlich zur Vereinigung mit dem Glaubenden kam.

IV. Taborlicht und Jesusgebet

Mystik zwischen Neuplatonismus und Askese in der östlichen Christenheit

1. Die asketische Tradition bis zu Maximus Confessor

Die allegorische Deutung der Liturgie war aber nur die eine Weise, in der Dionysius Areopagita im Mittelalter der westlichen wie der östlichen Theologie und Frömmigkeit wichtige Impulse gab. Noch bestimmender war, dass er mystische Erkenntnis als einen nur wenigen vorbehaltenen Weg beschrieben und das Mönchtum als hervorgehobene Existenzform der Christen geschildert hatte. Die Anfänge des Mönchtums liegen im vierten Jahrhundert, mehr im Osten als im Westen, aber es verbreitete sich zunehmend auch in der lateinischen Christenheit. Im Westen wurde es sogar geradezu zum entscheidenden Kontinuitätsbewahrer zwischen Antike und Mittelalter und erlangte trotz zahlreicher Rückschläge zentrale Bedeutung für die christliche Kultur des Abendlandes.

Wegen der allmählichen Entfaltung des Mönchtums setzte ein produktiver Umgang mit mystischen Potenzialen im Westen erst deutlich später ein als im Osten, und es wurden – abgesehen von Dionysius – in beiden Teilen der sich nach und nach auseinander entwickelnden Christenheit unterschiedliche Impulse wirksam. Für den Osten war es von besonderer Bedeutung, dass die Rezeption der neuplatonisch gefärbten Theologie des Dionysius immer stärker mit einer Theologie und Spiritualität der Askese verbunden wurde. Dies bedeutete eine gewisse Entintellektualisierung der Mystik zugunsten der Betonung praktischer Lebens- und Erfahrungsformen und eine Zuspitzung auf die Existenzweise des Mönchs.

Der Gedanke von der besonderen Bedeutung asketischer Lebensführung, wie er sich im Einzelasketentum wie auch in der koinobitischen, gemeinsamen monastischen Lebensform äußern sollte, entstand in der östlichen Kirche des Römischen Reiches am Übergang vom 3. zum 4. Jahrhundert. Prägend für das Ideal, das dann auch in der westlichen Christenheit Aufnahme fand, war die Gestalt des Antonius (ca. 251–356), dem der Kirchenvater Athanasius (ca. 295–373) eine überaus wirkungsvolle Biographie gewidmet hat. Askese wurde hier als ein permanenter Kampf gegen die Dämonie der Versuchungen gedeutet, der sich vor allem als Kampf gegen die eigenen Leidenschaften äußerte.

Die mit der asketischen Haltung verbundene Ablehnung der Leiblichkeit bildete im Zuge der weiteren Entwicklung aber auch die Basis dafür, theologische Entwürfe mit neuplatonischem Hintergrund aufzugreifen, die den Leib gegenüber dem Geist abwerteten. Hierfür bot sich, zumal im Mutterland des Mönchtums, Ägypten, in besonderer Weise das Werk des Origenes an. So wurde mit Evagrius Ponticus (ca. 345–399) ein Mönch zu einem der entschiedensten Verfechter origenistischer Theologie. Vor allem seine auf Origenes gestützte Ablehnung anthropomorpher Gottesgestalten machte ihn zu einer zentralen Gestalt der theologischen Auseinandersetzungen seiner Zeit – und führte am Ende auch dazu, dass er, gemeinsam mit Origenes, postum verurteilt wurde. Seine theologischen Spekulationen standen im Kontext einer zunehmend spiritualisierenden Deutung des asketischen Lebens, die diesem eine besondere Erkenntnisdimension bis hin zu einer Schau Gottes zusprachen und so halfen, die Grundlagen für die weitere Entwicklung der östlichen Mystik zu legen. Sein Hauptinteresse lag in der Frage, wie der Mönch die *apatheia* erreichen könne, die Leidenschaftslosigkeit, die Evagrius im Anschluss an antike stoische Konzepte als Aufgabe der mönchischen Existenz lehrte. Erreichbar war sie durch einen Sieg über die Laster, die er, ganz in der von Antonius bestimmten Tradition, als Angriffe der Dämonen verstand und in ihren Wirkungen auf den Menschen beschrieb. Hierzu ordnete er sie in einer Kette, die im Westen – vermittelt durch Gregor den Großen (ca. 540–604) – wie im Osten die Vorstellungen von Hauptlastern und Todsünden prägen sollte: Gefräßigkeit, Unzucht, Geldgier, Traurigkeit, Zorn, Trägheit, Eitelkeit und Überheblichkeit (*Praktikos* 6). Jedes von diesen Lastern bedeutete auf die eine oder andere Weise eine affektive Bindung an die Welt und an die eigenen Gelüste. Hatte man sie durch eine innere Seelenreinigung überwunden, so trat man aus dem praktischen Leben des Mönchs in eine Existenzweise ein, die Evagrius ganz unproblematisch als «gnostisch» bezeichnen konnte, die aber gerade nicht als intellektueller Erkenntnisakt allein zu verstehen ist, sondern vornehmlich als eine durch das Gebet eröffnete Begegnung zwischen Glaubendem und Gott, deren Basis die innere Ruhe ist. Die Begegnung der Seele mit Gott eröffnet, über die bloß affektive Dimension hinaus, die Wahrheiten über Mensch, Natur, Kosmos und Gott und ermöglicht damit einen Vorgeschmack der endzeitlichen Erkenntnis im Reiche Christi. Dieser Weg ist bei Evagrius mit einer Fülle von Hinweisen praktischer Art gespickt: Er benennt die Bibelverse, mit denen man den Geist von den Lastern zu den Tugenden führen soll, ebenso wie die Weisen des Gebets, die angemessen sind. Man kann seine Texte als Spekulationen über Gott und seinen Kosmos lesen – ebenso aber auch als eine Anleitung zum asketischen Leben, und genau so sind sie dann auch überwiegend gelesen worden. Das antike Ideal der Leidenschaftslosigkeit, das der mystischen Abwendung vom Ich entsprach, gewann konkrete christliche Gestalt, indem es sich mit dem asketischen Ideal verband.

Diese Verbindung fand eine anschauliche Konkretion im ausgehenden 6. Jahrhundert durch einen auf dem Sinai lebenden Mönch namens Johannes, den man Johannes vom Sinai oder, nach seinem Hauptwerk, Johannes Klimakos nennt. Dieses Hauptwerk behandelte eine «*klimax*», eine Leiter, und zwar die Himmelsleiter, auf der die von Evagrius in stoischer Tradition gepriesene *apatheia* erreicht werden sollte: Was bei Evagrius als komplexer Kampf um und gegen die Leidenschaften geschildert war, gerann hier zu einer bildhaften Einprägung des Aufstiegs zu Gott, dessen Ziel die Rückkehr in die genuin menschliche Bestimmung der Gottebenbildlichkeit nach dem ersten biblischen Schöpfungsbericht war. Auf den einzelnen Sprossen der

Johannes Klimakos veranschaulichte um 600 den Aufstieg zu Gott mit dem Bild einer Leiter, die im Mittelalter häufig dargestellt wurde. Ikone mit der Darstellung der Himmelsleiter des Klimakos, 12. Jahrhundert, Katharinenkloster auf dem Sinai.

Leiter konnte er die Versatzstücke anordnen, die er aus Evagrius an die weitere mystische Theologie und Frömmigkeit weiterreichte: die *apatheia* sowie die bevorzugt, aber nicht nur im Einsiedlerdasein zu erlangende *hēsychia* und die Bedeutung des Gebetes, das er als «Umgang und Vereinigung (*henosis*) des Menschen mit Gott» preist (Klimax c. 28; PG 88,1129A).

Obwohl schon bei Klimakos Vorstellungen auftauchen, die sehr an Dionysius erinnern – insbesondere die große Bedeutung des Lichts für die Beschreibung der Gottesbegegnung –, fließen die unterschiedlichen Ansätze aus der Askese sowie aus der neuplatonischen Philosophie und Theologie erst wenig später bei Maximus Confessor (ca. 580–662) zusammen, der seinen Beinamen als «Bekenner» vor allem wegen seines Einsatzes für eine klare Unterscheidung der beiden Naturen Jesu Christi – der menschlichen wie der göttlichen – erhielt. Dieser Kampf ist bei ihm eingebettet in eine umfassende Darstellung der Verfasstheit des Menschen: Dieser ist dadurch ausgezeichnet, dass er eine sterbliche und eine unsterbliche Natur in sich vereint. Seit dem Sündenfall aber tendiert er dazu, seinen Sinnen zu folgen und sich damit, angestiftet durch den Teufel, in Richtung seiner sterblichen Natur zu entwickeln. Hier nun kommt Christus in seinen zwei Naturen zu Hilfe: Er läßt sich zu den Menschen herab und überwindet so den Teufel (*L. asc. 10*; CChr. SG 40,29,229 f.). Hierdurch gibt er den Menschen die Möglichkeit, sich wieder Gott zuzuwenden, indem sie, in gut platonischer Weise, den Aufstieg von der niedrigeren Form der Liebe zur höheren finden (*Centuria de caritate* II,48; PG 90,1000D). Und weil es der Liebe eigen ist, dass sie Gegensätze aufhebt, führt dieser Aufstieg schließlich dazu, dass der Mensch ekstatisch zu Gott vordringt, ja selbst Gott wird: «Werden wir durch ihn Götter! Dazu ist er, der Gott und Herr ist nach seinem Wesen, ja Mensch geworden.» (*L. asc. 43*; CChr. SG 40,115,983 f.) Gerade in dieser Äußerung zeigt sich Maximus Confessor als Erbe des Kirchenvaters Athanasius von Alexandrien, der den christologischen Grundgedanken geprägt hat, Gott sei Mensch geworden, damit der Mensch Gott werden könne. Diese Möglichkeit ist dabei vorwiegend durch asketisches Leben eröffnet: Wer den Weg zu Gott gehen will, muss mit der Enthaltsamkeit beginnen, da alles zu den niederen Kräften hindrängt: «Lust aber und übermäßiges Essen und Trinken erzeugen innere Hitze, entzünden das Verlangen nach böser Begierde und treiben das ganze Lebewesen zu unrechtmäßiger Vereinigung.» (*L. asc.* 23; CChr. SG 40,47,410–413)

Man kann Maximus Confessor als eine Art Kumulationspunkt in der Entwicklung der orthodoxen Mystik sehen, denn seine Traktate verbinden die neuplatonischen Reflexionen über das Verhältnis von Geistlichem und Materiellem mit der asketischen Lebenshaltung der Mönche und der altkirchlichen christologischen Reflexion, die beispielsweise Dionysius Areopagita nur am Rande interessiert hat; dessen Werk hat Maximus Confessor überdies mit Auslegungen versehen, die die Wirkung des Areopagiten innerhalb der Orthodoxie maßgeblich beeinflussten und sicherten.

2. Das Taborlicht

Konnte man Dionysius, wenn man die Hierarchienschriften ignorierte, noch (bis in die moderne Forschung hinein) als vorwiegend neuplatonischen Philosophen lesen, so gewann in den auf sein Wirken folgenden Jahrhunderten, auch durch das Wirken des Confessors, die biblisch-theologische Sprache gegenüber der philosophischen in den mystischen Traktaten ein immer größeres Gewicht. Oftmals sind es auch nur assoziative Anschlüsse, die das Einfügen der biblischen Sprache in den Text ermöglichen, aber alle Zitate sind Hinweise darauf, dass die mystischen Theologien ihre soziale Basis in einer Existenzform haben, für die Bibellektüre und -meditation von herausragender Bedeutung waren. Der sinnfälligste Ausdruck hierfür ist die Rede vom Taborlicht. Schon Kyrill von Jerusalem hatte um 340 die Verklärung Jesu auf dem Berg Tabor lokalisiert (Katechesen XII,16) und damit einer Erzählung, die zunächst nur von einem hohen Berg sprach, einen konkreten Ort gegeben: Matthäus 17,1–13 berichtet davon, wie Jesus mit Petrus, Jakobus und Johannes auf den hohen Berg steigt. Dort wird er verklärt, das heißt, seine Kleider werden heller als alles irdisch bekannte

Weiß, und neben ihm erscheinen Elia und Mose. Diese Erzählung, die ursprünglich zeigte, wie Jesu Wirken schon vor seiner Kreuzigung und Auferstehung von Gott legitimiert wurde, bedeutete später vor platonischem Hintergrund gelesen, dass die irdische Welt ganz generell für das jenseitige Licht durchschaubar geworden war. Sie stellte in dem in zwei Naturen erschienenen Christus die herausragende Begegnung zwischen Transzendenz und Immanenz vor. Insofern wurde sie für die Mystik der orthodoxen Christenheit zu einem Paradigma für mystische Erkenntnis, die eben von diesem aus dem Jenseits in das Diesseits scheinenden Licht hervorgerufen werden sollte, also gewissermaßen eine Verlängerung jener Verklärung in das irdische Dasein hinein darstellte.

Der Gedanke dieses Taborlichtes wurde geradezu hymnisch von Symeon dem neuen Theologen (949–1022) gefeiert, der in einer bis dahin für die orthodoxe Theologie ungeahnten Weise seine eigenen Erfahrungen mit dem Taborlicht in Gebetsform goss. Symeon, der unter den Theologen seiner Zeit nicht unumstritten war, hat den Gedanken betont, dass wahre Theologie nur auf Grundlage der Gottesschau möglich sei (SC 196,198: Überschrift des Hymnus 52). Damit relativierte er die große Tradition gelehrter orthodoxer Theologie, die von früh an in hohem Maße auch Philosophie rezipiert hatte, zugunsten des hohen Erfahrungsanspruches mystischer Theologie. Hier wurde die Sprengkraft des Gedankens einer direkten Gottesbegegnung, wie er zur Mystik gehört, für den Osten spürbar. Symeon stellte die intellektuelle Erkenntnis Gottes ebenso in Frage wie die sakramentale Heilsvermittlung, obwohl er Letzteres wohl nicht beabsichtigte. Die Zusammenführung von Mystik und Askese und die damit verbundene soziale Engführung der Überlieferung des Areopagiten auf die Lebens- und Erfahrungswelt der Mönche erreichte hier einen vorläufigen Höhepunkt. Das philosophische Erbe, das Dionysius in die christliche Theologie eingebracht hatte, war nun vollends asketisch zugespitzt, und es waren hauptsächlich die Eckpunkte des dionysischen Denkens – die Unerkennbarkeit Gottes durch den Begriff einerseits, die Möglichkeit der Begegnung durch Mystik andererseits –, die

Die biblische Erzählung von der Verklärung Jesu gab den Mystikern der östlichen Kirche Anlass, über das in diese Welt hineinstrahlende Taborlicht zu spekulieren. Die Verklärung Jesu im Evangelistar von Groß-Sankt-Martin in Köln, 13. Jahrhundert.

fortgesetzt wurden, aber durch die asketische Lebensweise einen neuen lebensweltlichen Bezugsrahmen und eine neue Ausdeutung des Weges von der Finsternis ins Licht erhielten.

3. Gregor Palamas und der Hesychasmus

Von wirkungsgeschichtlich großer Bedeutung wurde es, dass unter dem als Pseudonym gebrauchten Namen dieses Symeon im 12. oder 13. Jahrhundert ein Traktat, der *Methodos tēs hieras proseuchēs kai prosochēs (Wegweisung des heiligen Betens und Aufmerkens),* entstand, in dem sich erstmals erkennbar die Bewegung des Hesychasmus formierte. Hierbei handelte es sich um eine Strömung im byzantinischen Mönchtum, die die seit der alten Kirche in asketischen und mystischen Texten immer wieder begegnende Betonung der *hēsychia*, der Ruhe, zu Anweisungen für eine bestimmte Gebetspraxis ausbaute und so den einzelnen Andeutungen von der herausgehobenen Bedeutung der Haltung der *hēsychia* eine lebenspraktische Bedeutung gab. Die ohnehin reiche Gebetspraxis der Mönche sollte eine innerliche Vertiefung erfahren, die sich in Text und Gestus ausdrückte. Gegenüber der üblichen Gebetspraxis im Stehen wurde nun zu einer sitzenden Haltung mit gesenktem Kopf angeleitet, in der meditativ das schon bei Klimakos erwähnte, aber nicht genauer bestimmte Jesusgebet zum Rhythmus des Atems gesprochen wurde: «Herr Jesus Christus, Sohn Gottes, erbarme Dich meiner.» Dieses meditative Gebet führte zu der für die Bewegung namengebenden *hēsychia*, einer inneren Ruhe, die die Grundlage für die Schau eines Lichtes bildete, das bereits der wichtigste Lehrer des frühen Hesychasmus, Gregorius Sinaites (gest. nach 1337), in seiner «Predigt über die Verklärung» ausdrücklich mit dem göttlichen Taborlicht gleichsetzte. Die immer stärkere Verbindung mystischer Gedanken mit der asketischen Lebensform hatte dazu geführt, dass der Weg zur unmittelbaren Schau des göttlichen Lichtes geradezu methodisch erlernbar war, ohne dass das Gebet dadurch zu einer inhaltsleeren mechanischen Praxis wurde. Vielmehr war es Ausdruck der tief greifenden Bußgesinnung des Evagrius Ponticus und anderer asketischer Autoren – und insofern eine eigene Weise, die Reinigung zu erreichen, die auch Dionysius gelehrt hatte, wenngleich bei ihm stärker die Lösung von den unzureichenden Begriffen im Vordergrund gestanden hatte. Es konnte nur zur Reinigung führen, wenn es tatsächlich von der Öffnung des Innern für Gott und sein Licht getragen war.

Die enge Verbindung mit dem Taborlicht und damit letztlich mit Gott selbst blieb allerdings nicht ohne Widerspruch – und die Kritik führte tatsächlich an den innersten Kern dessen, was mystische Theologie bedeuten kann. Wenn der Ansatz mystischer Theologie seit dem Areopagiten die Unbegreiflichkeit Gottes und damit seine absolute Transzendenz ist, so muss eine starke Betonung seiner Nähe, ja geradezu seiner Erreichbarkeit durch menschliches Bemühen die Frage aufwerfen, ob nicht der mystische Weg letztlich die Unverfügbarkeit Gottes, seine absolute Transzendenz, unterläuft, also seinen eigenen denkerischen Grundlagen entgegensteht. Diese Frage wurde nun in verschärfter Form an den Hesychasmus gestellt: Der orthodoxe Mönch Barlaam von Kalabrien (gest. 1348), der im theologischen Einflussbereich der lateinischen Kirche in Italien aufgewachsen war, geriet aufgrund von Kontroversschriften, die sich gegen die westliche Theologie richteten, in einen Disput mit Gregor Palamas (1296–1359) über den Hesychasmus. Palamas war wahrscheinlich in der Klostergemeinschaft Athos auf der nordgriechischen Halbinsel Chalkidike Schüler des Gregorios Sinaites gewesen, ehe dieser aufgrund von lokalen Streitigkeiten nach Bulgarien ausgewichen war. Im Unterschied zu dem auch an westlichen Scholastikern geschulten Barlaam vertrat er eine ganz traditionelle, nicht auf logische Beweisführung, sondern auf den Väterbeleg ausgerichtete theologische Methode. Barlaam passte sich seinerseits in der Auseinandersetzung mit der Westkirche nicht einfach an diese an, aktualisierte aber diejenigen Potenziale der byzantinischen Tradition, mit denen man den neuen Anforderungen der aristotelisch denkenden universitären Theologie des Westens gewissermaßen kongenial antworten konnte: Er griff wie die lateinische Scholastik Aristoteles auf und interpretierte mit seiner Hilfe Dionysius Areopagita. Trotz dieser intensiven Verwurzelung in der byzantinischen Tradition mag man es nicht für einen Zufall ansehen, dass er später in die Kirche des Westens wechselte und als deren Bischof starb. Palamas hingegen repräsentierte den Weg einer auf die monastische Existenz bezogenen Vätertheologie, in der der byzantinische Eigencharakter im Verhältnis zur westlichen Theologie deutlicher erkennbar blieb.

Wohl auch deswegen ging der Streit bald über die Fragen des Zugangs zur Theologie hinaus: Barlaam informierte sich – auch weil Palamas ganz im Stil der hesychastischen Tradition mit der Erleuchtung als einer notwendigen Vorbedingung angemessener theologischer Beweisführung argumentiert hatte – über Gebetspraxis und Gebetsverständnis auf dem Athos und bediente sich in der Auseinandersetzung des Arsenals des antihäretischen Kampfes: Die Hesychasten diffamierte er als Messalianer, eine altkirchliche Bewegung, die geradezu als erzketzerisch galt. In der Tat war ein besonderes Kennzeichen dieser Bewegung die Suche nach einer unmittelbaren Begegnung mit dem Heiligen Geist gewesen, was sie jedenfalls aus der Sicht ihrer Gegner in Spannung zur orthodoxen Sakramententheologie gebracht hatte. Sie mit den Hesychasten in Verbindung zu bringen, lag also nicht ganz fern, bedeutete aber zugleich einen überaus scharfen Angriff. Angesichts dieser Schärfe des Tons sah Palamas sich genötigt, die hesychastische Position gegen die Angriffe zu verteidigen. Diesem Umstand verdanken wir das wohl präziseste Bemühen, die hesychastische Frömmigkeit theologisch zu deuten und in Einklang mit der orthodoxen Tradition zu bringen. Dies gelang ihm so erfolgreich, dass man im zwanzigsten Jahrhundert eine Renaissance palamitischer Theologie beobachten kann, in deren Perspektive Palamas wie der eigentliche Abschluss der antiken orthodoxen Theologie, als eine Art von Kirchenlehrer erscheint. Dabei dient er auch als eine Bezugsgröße, durch die orthodoxe Theologie ihre Eigenständigkeit gegenüber westlich bestimmter Theologie wahren kann.

In der Auseinandersetzung mit Barlaam stand das Bemühen des Palamas zur Interpretation der Vergöttlichungslehre des Hesychasmus im Vordergrund, aber der Fragehorizont musste sich auf ganz grundlegende theologische Probleme ausdehnen. Dabei ließ Palamas erkennen, dass ihn das Bemühen um das begriffliche Verstehen an die Grenze des Aussagbaren brachte: Eigentlich war die Vergöttlichung etwas, was sich dem Verstehen entzog, so wie es ja auch die bisherige Tradition, auf die er sich immer wieder berief, gelehrt hatte. Die Notwendigkeit zur Verteidigung zwang ihn, denkerisch in einen Bereich vorzudringen, der eigentlich gedanklich nicht angemessen zu erschließen war. Das Hauptproblem, das dabei für Palamas zu lösen war, war die Frage der Identifikation des Taborlichtes mit Gott selbst. Für die Frömmigkeit der Hesychasten war es geradezu konstitutiv, dass sie im Taborlicht mit Gott selbst in Kontakt traten. Allein dies konnte die Erhabenheit des Geschehens sichern – und letztlich auch jene Vergöttlichung gewährleisten, auf die es Palamas und den ihm verbundenen Mönchen auf den Spuren des Athanasius ankam. Der Mensch sollte über seine reine Menschlichkeit erhoben werden, er sollte durch das ungeschaffene Licht selbst ungeschaffen werden – wenn auch nicht dauerhaft, sondern nur im Moment der Ekstase (PSyn I 429,13): Es ging also beim Taborlicht nicht um die Erfüllung eines langen asketischen Aufstiegs, sondern um die momenthafte Beglückung und Erhebung. Diese sollte durch die theologische Reflexion nicht geschmälert werden, die von Seiten Barlaams das Problem aufwarf, ob eine solche Vorstellung nicht die notwendig anzunehmende Transzendenz Gottes in Frage stelle: Wenn der Mensch hier und jetzt vergöttlicht wurde, durch Gott selbst erhoben wurde, dann schien kaum sichergestellt, dass Gott dem menschlichen Zugriff entzogen war. Umgekehrt sah Palamas bei Barlaam die Gefahr, dass Gott so sehr entrückt wurde, dass letztlich seine Existenz kaum mehr benennbar war: Barlaam erschien ihm geradezu als Atheist (150 cap. c. 134; PSyn V, 111,11–13).

Dennoch konnte Palamas das aufgeworfene Problem nicht einfach beiseite schieben, denn auch er war der areopagitischen Tradition verbunden, nach der Gott unbegreiflich war. Zur Überschreitung dieser Grenze betonte Palamas in aller Deutlichkeit die Möglichkeiten der Erfahrung: Ihm ging es darum, dass der Weg zu Gott ein anderer sein musste als der, den Philosophen gehen konnten, dass also die negative Theologie des Proklos niemals tatsächlich so zu Gott führen könnte wie die erfahrungsgesättigte Theologie der Mystiker auf dem Athos: Ausdrücklich stellte er, ganz in der Tradition Symeons, die gottgewirkte Erfahrung dem philosophischen Bemühen des Menschen entgegen (PSyn I,470,4–8). Höher als alle philosophische und naturwissenschaftliche Erkenntnis war die Einsicht des menschlichen Verstandes in seine Schwäche und seine Angewiesenheit auf göttlichen Beistand (150 cap. c. 29; PSyn V,50, 30–51,10). Doch gerade mit seiner Betonung dieser tiefen existentiellen Einsicht machte er auch deutlich, dass die Hesychasten die Begegnung mit Gott keineswegs herbeizwangen, wenn sie sie durch bestimmte Techniken herbeiführen wollten. Bei aller Beachtung bestimmter asketischer Anweisungen konnte die Begegnung mit Gott nach Palamas immer nur durch Gott selbst eröffnet werden, stellte für den Menschen eine reine Gnade dar: Er konnte und sollte einen Weg der Vorbereitung gehen, aber alles hing von Gott selbst und seiner Zuwendung zum Menschen ab.

Doch hätte es kaum ausgereicht, der mit Dionysius gelehrten begrifflichen Grenze lediglich die Möglichkeiten der Erfahrung entgegenzusetzen und dabei ganz auf die philosophische Tradition zu verzichten. Palamas' Leistung besteht eben gerade darin, diese trotz aller Kritik an ihr in einen konsistenten Zusammenhang mit der theologischen Tradition und der Frömmigkeitspraxis des Hesychasmus gebracht zu haben. Die Grundüberzeugungen der negativen Theologie eines Dionysius bestritt er so wenig wie Barlaam, bezog sie aber in ein differenzierteres Gefüge ein. Er blieb dabei, das Wesen, die *usia*, Gottes als unerreichbar zu beschreiben (150 cap. c. 145; PSyn V,116,1–3), unterschied von diesem Wesen aber seine Energien, die *energeiai*. Im Unterschied zur gänzlich ungeteilten Natur Gottes, die wegen dieser völligen Einfachheit nicht von den Geschöpfen wahrgenommen werden konnte, dachte er die Energien als «unteilbar geteilt» (150 cap. c. 74; PSyn V,77,11–14), so dass Geschöpfe durch sie am Göttlichen teilhaben konnten.

> Wie also gelangen wir nahe zu Gott? Indem wir uns seiner Natur nähern? Aber keines unter allen Geschöpfen hat irgendeine Gemeinschaft oder Nähe mit der allerhöchsten Natur oder wird sie haben. Wenn also irgend jemand nahe zu Gott gelangt ist, hat er sich ausschließlich seiner Energie genähert. (150 cap. c. 78; PSyn V,79,21–25)

Die Rede von Energien war insofern eine geschickte theologische Wendung, als Palamas hiermit einen Begriff verwandte, der einerseits auch neutestamentlich und bei den Kirchenvätern belegt war, unter denen er besonders auf Basilius den Großen und seine neunizänischen Mitstreiter im vierten Jahrhundert verwies, andererseits einen aristotelischen Hintergrund besaß: Er nahm also an dem theologischen Diskurs teil, zu dem Barlaam ihn herausforderte, und erwies sich dabei als differenzierender Denker, als Denker, dessen Hauptaufgabe darin lag, die asketische Tradition, in der er selbst stand, theologisch verstehbar zu machen und zu begründen. Dass alles, was er beschrieb, letztlich Ausdruck der asketischen Lebensweise des Mönchs war, daran ließ er keinen Zweifel. Er betonte wie viele vor ihm die wahre Bußhaltung als Reinigung von allem Irdischen und Selbstbezogenen als den eigentlichen Weg, der durch Tugenden hindurch zu Gott führte – nur eben nicht zu seinem Wesen, sondern zu seinen Energien.

Die Energien sollten vom Wesen Gottes nur stufenhaft unterschieden sein. So hatten sie zwar die Funktion, Gott dem Menschen gegenüber stärker in die Transzendenz zu erheben, bildeten aber zugleich eine Brücke zwischen Gott und Schöpfung. So konnte Palamas erklären, Gott sei durch seine Energien das Sein aller Dinge (150 cap. c. 78; PSyn V,79,14–21). Es ist damit gerade eine neuplatonische Denkfigur, die es ermöglicht, der radikalen Negation jeder Erreichbarkeit Gottes einerseits auf der Wesensebene zuzustimmen und ihr andererseits doch eine andere Überzeugung entgegenzusetzen. Denn so wie das neuplatonische Denken es erlaubte, in den Abbildern jeweils die Urbilder präsent zu sehen und damit letztlich in der ganzen Schöpfung auch einen Ausfluss des Einen wahrzunehmen, so waren auch die Energien eben solche Ausflussweisen Gottes.

Mit dieser Unterscheidung von Wesen und Energie also – dem eigentlichen Beitrag des Palamas zur orthodoxen Dogmenbildung – war eine Zwischenstufe eingeführt, die eine Überbrückung von Transzendenz und Immanenz denkbar machte, und dies tatsächlich im Sinne einer Überbrückung: Ohne die Distanz zum Wesen zu leugnen konnte Palamas doch annehmen, dass Gott selbst in den Energien präsent war. Er machte dies in einem Bild deutlich, das der starken Lichtmetaphorik der mystischen Tradition entsprach und zugleich unmittelbar schlagend war: Auch im Blick auf die Sonne kann der Mensch Anteil an der Sonne haben, er kann durch sie erreicht werden, in eine Beziehung zu ihr selbst treten – und doch sind es nur ihre Strahlen, in Palamas' theoretischer Begrifflichkeit: ihre Energien, an denen der Mensch teilhat, die Sonne selbst wird ihm immer entzogen bleiben. Genau so verhält es sich mit Gott, den der Mensch nicht selbst erreicht und der doch in ihm und an ihm wirkt (150 cap. c. 92; PSyn V,88,10–27).

Auf die mystische Schau des Taborlichtes angewandt bedeutete dies, dass sich in ihm die göttliche gnadenhafte Energie manifestierte. Das Taborlicht war nicht Gottes Wesen selbst, aber es war göttliche Energie, ungeschaffen wie Gott selbst und göttlich. Letztlich war die – im neuplatonischen Denken immer mitzudenkende und mitgedachte – Abstufung sogar eine mehrfache: War im Kontext der hesychastischen Frömmigkeit vom Taborlicht die Rede, so war das, was der jeweilige Mönch erfuhr, wiederum Abglanz jenes ursprünglichen Taborlichtes in der Verklärung Jesu selbst. Palamas konnte sich hierbei sogar auf ein Wort des Apostels Paulus berufen: «Nun aber schauen wir alle mit aufgedecktem Angesicht die Herrlichkeit des Herrn wie in einem Spiegel, und wir werden verklärt in sein Bild von einer Herrlichkeit zur andern von dem Herrn, der der Geist ist.» (2. Korinther 3,18) Alles, was für die Anwendung des Gedankens des Taborlichtes bedeutsam war, steckte in diesem einen Vers: die durch das Bild vom Spiegel ausgedrückte Distanz zum ursprünglichen Geschehen ebenso wie die Teilhabe daran. Jede Schau des Taborlichtes bedeutete damit nicht nur eine Nachahmung der Verklärung Jesu: Das würde den Akzent auf die Distanz legen. Es bedeutete vielmehr, in jenes Geschehen auf dem Tabor und letztlich damit auch in Jesus Christus selbst als sein Bild hineingenommen zu werden. Damit erfüllt sich alle Hoffnung: die Vergöttlichung durch den wahren Menschen und wahren Gott Jesus Christus.

Wird das Geschehen so beschrieben, wundert es nicht, dass Palamas den hochfahrenden Anspruch gegenüber allen Bemühungen der Theologen beibehalten konnte: Was hier geschah, lag über allem begrifflichen Erkennen, und er drückte es in einer eigenartigen Wortprägung aus: Die Schau des Taborlichtes sei eine geistige Sinneswahrnehmung (PSyn I,430,21–27). Darin verknüpften sich zwei Gegensätze: Geist und Sinnlichkeit standen einander gegenüber, schlossen sich aus. Kamen sie zusammen, so war deutlich, dass hier mehr geschah, als der menschliche Verstand überhaupt beschreiben konnte, mehr als jede andere Form von Erkenntnis darstellen konnte – und dies wiederum im Modus der Erkenntnis. Eine geistige Schau ging über alle Geistesanstrengung eben auch der Theologen hinaus – und war zugleich mehr als ein körperliches Sehen. Wären nur die körperlichen Augen von dem Taborlicht, das der Athos-Mönch erfuhr, betroffen, so wäre das Geschehen ganz im Immanenten geblieben. Wurde diese Sinnenschau aber geistig, so konnte durch diese einzigartige Sinneswahrnehmung auch die Einzigartigkeit der Berührung von Transzendenz und Immanenz, des Hineinreichens Gottes in die diesseitige Welt, ausgedrückt werden. Die angemessenste Kategorie zu seiner Beschreibung ist wiederum 2. Korinther 3,18 zu entnehmen: Es handelt sich nicht um ein geistiges Erkennen, also ein Erkennen mit den Mitteln der menschlichen Vernunft, sondern um ein geistliches Erkennen, also eines, das Gott allein durch seinen Heiligen Geist ermöglicht. Der Geist selbst gewinnt damit eine erkenntniseröffnende Funktion – und muss damit diese Erkenntnis über alle rein menschliche Weisheit und Wissenschaft hinausheben.

V. Die «Lehrmeisterin Erfahrung»

Monastische Mystik im Westen

1. Bernhard von Clairvaux: Eine Zentralgestalt des 12. Jahrhunderts

Mit Palamas als dem Gipfelpunkt der byzantinischen Mystik ist die Darstellung ihrer Entwicklung im 14. Jahrhundert angelangt – und damit weit über die Phase hinaus, in der auch im Westen die mystische Spiritualität neu auflebte. Hier hatte einer Entfaltung mystischer Theologie für lange Zeit die Basis gefehlt. Der primäre Ort für mystische Erfahrungen und mystische Lehren war in der mittelalterlichen Welt des griechischen Byzanz wie des lateinischen Westens das Kloster beziehungsweise die Einsiedelei. Während diese sich aber im Osten kontinuierlich entwickelten und sich das mystische Denken allmählich entfalten konnte, erlebte das westliche Mönchtum nach der Zeit der Karolinger, in der es durch Johannes Scotus Eriugena zur Übersetzung des Areopagiten gekommen war, eine äußerst schwierige Phase, in der die Existenz der Klöster theologisch wie spirituell höchst unsicher war. Eine Intensivierung mystischer Frömmigkeit erfolgte erst mit den monastischen Erneuerungsbewegungen des 12. Jahrhunderts, vor allem durch deren wichtigsten Vertreter Bernhard von Clairvaux (gest. 1153). Er war der herausragende Repräsentant der vom Kloster Citeaux in der Champagne ausgehenden monastischen Reformbewegung, die sich im Geiste klösterlicher Schlichtheit gegen übertriebene Prachtentfaltung wandte. Kirchenbau und Lebensweise sollten der Einfachheit des Lebens in der Nachfolge Jesu Christi Ausdruck geben, statt des Äußeren sollte das Innere in den Mittelpunkt treten. Dass diese spirituelle Konzentration auch mit einer schroffen Unterscheidung zwischen Klerikern und Laienmönchen innerhalb des Ordens einherging, ist erst für die späteren Betrachter irritierend, die in den Zisterzienserklöstern – sei es Maulbronn, Eberbach oder Schulpforte – noch die architektonischen Relikte der Separierung beider Gruppen innerhalb derselben Gemeinschaft durch unterschiedliche Nutzgebäude bis hin zu verschiedenen Kircheneingängen wahrnehmen können. Im 12. Jahrhundert bildete sich hier eine Welt ab, in der man um Unterschiede in der Gesellschaft wusste und sie im Sinne einer Erfüllung unterschiedlicher Aufgaben am jeweils von Gott zugewiesenen Platz interpretieren konnte. Erst recht galt dies für einen jungen Adeligen wie Bernhard, der sich bei aller geistlichen Intensität seiner mystischen Texte durchaus auch in der äußeren Welt zu bewegen wusste. Das zeigt sich schon bei seinem Eintritt in das Kloster Citeaux, der in Begleitung einer ganzen Gruppe von Verwandten und adeligen Gefährten stattfand. So gewann er gleich eine starke, ja dominante Rolle innerhalb des Klosters, die sich auch darin äußerte, dass er bei der Gründung des dritten Tochterklosters, Clairvaux, zu dessen Abt bestimmt wurde. Obwohl er viel Energie in den Auf- und Ausbau dieses Klosters und die Gründung zahlreicher Tochterklöster investierte, blieb sein Handlungsbereich nicht auf diesen Rahmen beschränkt: Als 1144 Edessa wieder in die Hände der muslimischen Heere fiel, wurde Bernhard zum führenden Prediger des Zweiten Kreuzzuges, dessen Scheitern er in der Folgezeit mühsam verarbeitete. Christliche Existenz und Kreuzzug schlossen sich für ihn keineswegs aus, wenn der Krieg der von Gott gestellten Aufgabe diente, die heiligen Stätten zu befreien. Selbst noch in seinem stärksten Zugriff auf die äußere Macht wird seine innere Distanz zur Macht deutlich: Als 1145 ein ehemaliger Angehöriger seines Klosters Clairvaux als Eugen III. Papst wurde, warnte Bernhard ihn vor den Gefahren dieses Amtes und machte sich dabei zugleich die Möglichkeit zunutze, sich als höchster Berater des Oberhauptes der Christenheit zu geben. Es ist dieses Miteinander unterschiedlicher Facetten in Bernhard, die dazu beitragen, dass man geradezu vom Zeitalter Bernhards gesprochen hat – was eine grandiose Übertreibung und Vereinfachung zugleich ist.

2. Bernhards Hoheliedmystik

Bernhard nimmt einen weit hervorgehobenen, wohl nur mit Dionysius vergleichbaren Rang in der Geschichte der christlichen Mystik ein, weil er Erfahrungsdimension und theologische Erklärung verbindet. Er spricht geradezu von der «magistra (...) experientia», der «Lehrmeisterin Erfahrung» (*s. cant.* 6; BCW V,108 f.), und macht so deutlich, dass bei ihm die Erfahrung eine ähnlich herausragende Bedeutung hat wie in der hesychastischen Mystik, mit der er auch gemeinsam hat, dass er in Auseinandersetzung mit anderen, stärker philosophisch-dialektischen Ansätzen der Theologie kam. Bernhard war die treibende Kraft bei der Verurteilung des herausragendsten Schultheologen der Zeit, Petrus Abaelard (1079–1142). Allerdings hat Bernhard sich in diesen Auseinandersetzungen nicht auf Erfahrung berufen, sondern, ähnlich wie Palamas zwei Jahrhunderte später, die genuine Vätertheologie gegen den Neuerer ins Feld geführt. Die Basis von Bernhards Theologie, zumal seiner Ausführungen zur Mystik, ist der Kontext seines Zisterzienserklosters. Seine Predigten über das Hohelied hielt er vor den Brüdern, die er scharf von denen abgrenzte, «die in weltlicher Gesinnung leben». (*s. cant.* 1; BCW V,54 f.) Es ist eine Theologie für eine besondere Gruppe von Menschen, die er vertritt, und er setzt diese selbstbewusst von der bloß irdisch-philosophischen Erkenntnis Gottes ab: Diese ist gegenüber der mystischen Vereinigung unzureichend. (*s. cant. 8;* BCW V,124–127) Mystik weist eine eigene Erkenntnisdimension auf, ist Ausdruck von Erfahrung, aber hierdurch gerade nicht begrenzt, sondern weiter als das begrenzte menschliche Verstehen. Die monastische Ausrichtung der Theologie Bernhards aber zeigt sich nicht nur in der sozialen Bindung an die besondere Gemeinschaft der Mönche – bei der vermutlich an die Klerikerbrüder zu denken ist –, sondern auch in der seelsorgerischen Ausrichtung seiner Verkündigung:

> Sehr viele von euch pflegen mir gegenüber, wie ich mich erinnere, in ihren persönlichen Bekenntnissen über eine derartige Mattigkeit ihrer dürstenden Seele und über die Gefühllosigkeit ihres stumpfen Herzens zu klagen; sie können die Höhen und Tiefen Gottes nicht durchdringen, sie fühlen von der Süße des Geistes entweder nichts oder zu wenig. (*s. cant.* 9; BCW V,136 f.)

Es ist der Abt, der zu denen spricht, die sich ihm in spirituellen Nöten anvertrauen. Er redet zu ihnen auf der Grundlage seiner eigenen Erfahrung. Denn obwohl er gelegentlich den Bescheidenheitstopos verwendet, dass auch seine Erfahrungen begrenzt seien (*s. cant.* 23; BCW V,336 f.), lässt er durchblicken, dass er die *unio* mit Christus bereits selbst erlebt hat (*s. cant.* 12; BCW V,178 f.), jene Erfahrung, die jedem Menschen nur momenthaft gegeben werden kann: Hier wird nicht nur die Theorie einer Gottesbegegnung entworfen, sondern auf ihrer Grundlage wird auch der biblische Text für diese Erfahrung transparent gemacht. Die mystagogischen Predigten brauchen den Bibeltext als Vermittlungsinstanz, um die individuelle Erfahrung zu entindividualisieren, in dem biblischen Text wiederzufinden und so übertragbar zu machen. So kann der Abt seine Brüder zur mystischen Erfahrung anleiten, die im wahrsten Sinne des Wortes erbaulich, das heißt geistlich aufbauend, sein soll. Indem Bernhard diese Seelenführung anhand des Hohenliedes durchführt, erscheint bei ihm ein Gedanke wieder, der schon bei Origenes, und, ihm folgend, Gregor dem Großen aufgetreten war, nun aber bei Bernhard ein ganz eigenes Gewicht erhält: dass sich in diesen Liebesliedern letztlich das Gespräch zwischen Christus als dem Bräutigam und seiner Braut, der Seele des glaubenden Menschen, niederschlage. Die traditionelle Deutung des Hohenliedes hatte die Kirche als Braut Christi interpretiert. Die christlichen Deuter des Alten Testamentes waren sich nämlich einig, dass ein Lied, das in so drastischer, auch körperlicher Weise die Begegnung zweier Liebender schilderte, als kanonischer Text nicht im wörtlichen Sinne zu verstehen war, sondern dass gerade in diesem vordergründig von allen Glaubensinhalten so fernen Texten ein geistlicher Inhalt enthalten sein musste.

Die Wendung, die Bernhard mit Origenes vollzog, bedeutete eine radikale Individualisierung, auch wenn Bernhard die Deutung auf die Kirche nicht bestritt. Seit Origenes hatte man gelernt, Bibeltexte grundsätzlich auf verschiedenen Sinnebenen zu verstehen, von denen die wörtliche nur eine war, neben der typologischen, die einen Text auf die Heilstatsachen der Christenheit verwies, der moralischen, die den Text auf den Glauben des Einzelnen bezog, und der anagogischen, die auf die Letzten Dinge vorauswies. Innerhalb dieser Vorstellung von einem vierfachen Schriftsinn konnte die typologische Deutung der Braut als Kirche problemlos neben der moralischen Deutung als Seele bestehen. Und doch brachte der Bezug des Textes auf die liebende Seele einen ganz eigenen Ton in die Frömmigkeit der westlichen Christenheit: Die Beziehung zu Christus wurde in nie gekannter Weise individualisiert. So wie die Predigten Antwort auf individuelle spirituelle Nöte darstellten, so wiesen sie auch einen individuellen Weg – freilich einen individuellen Weg, der nicht alle Gemeinschaft ablehnte, war es doch immerhin gerade der Abt, der seinem Mitbruder diesen Weg wies, der also aus seiner führenden Stellung innerhalb der Gemeinschaft heraus den Einzelnen anleitete. So war fast noch einschneidender, dass diese individuelle Zuspitzung zugleich eine Erotisierung mindestens der Sprache mit sich brachte, letztlich aber wohl, nimmt man den wiederholten Verweis Bernhards auf Erfahrung ernst, auch eine Erotisierung der Gottesbeziehung: In eben der asketischen Welt, die sich allen Begierden durch die Verpflichtung zu Armut, Gehorsam und Keuschheit entzogen hatte, wurde eine Bildwelt eröffnet, die körperliche Lust auf geistliche Erfahrung bezog. Moderne psychologisierende Deutungen dieses Phänomens mögen dazu neigen, darin eine Sublimierung unterdrückter Begierden zu sehen. Aber näher liegt ein Verweis darauf, dass Bernhard sich mit diesen wohl 1135 einsetzenden Predigten in einer Zeit bewegte, in der die höfische Welt in der Provence und in Südfrankreich ein erstes Aufleben der Liebesdichtung der Troubadoure erlebte: Bernhard fand in der Bibel die Sprachwelt wieder, die zu seiner höfischen Herkunft passte, und gerade das gab ihm möglicherweise die Fähigkeit, die individuelle Note darin intensiver zu entdecken als andere Deuter – und ihr zugleich durch den tradierten biblisch-theologischen Kontext eine Ausrichtung zu geben, die dem spirituellen Leben diente.

Die durchgängige Erotisierung der Bildwelt seiner Mystik zeigt sich in der Art, wie Bernard die mystische Einigung umschreibt, die er thematisch in der zweiten Predigt über das Hohelied entfaltet: «Er küsse mich mit dem Kusse seines Mundes», heißt es zu Beginn des Hohenliedes (1,2) – und damit ist für Bernhard das Sehnen der Seele nach Vollendung in der Einheit mit Christus ausgesprochen. Der Kuss ist eben jene Vollendung, von der auch schon Dionysius gesprochen hatte: die *unio*. Bernhard wird nun nicht einfach zum Dichter, sondern gerade die erotische Sprache ermöglicht es ihm, den Aufstiegsprozess zu Jesus Christus in platonischer Weise zu beschreiben. So, wie das «*Symposion*» Platos, das Bernhard nicht kennen konnte, die später vielfach banalisierte «platonische Liebe» als einen Aufstieg von körperlicher zu geistiger Liebe beschreibt, so kennt auch Bernhard einen Aufstieg von irdischer zu geistiger Liebe – und macht hieraus geradezu den Schlüssel seiner Christologie:

> Dies war, wie ich glaube, für den unsichtbaren Gott ein besonderer Grund dafür, dass er im Fleisch gesehen werden und als Mensch mit den Menschen verkehren wollte. Damit wollte er zuerst alle Neigungen der im Fleisch Lebenden, die nur fleischlich lieben konnten, auf die heilbringende Liebe zu seinem Fleisch hinführen und sie so stufenweise auf die geistige Liebe hinlenken. (*s. cant.* 20; BCW V,284 f.)

Ganz im Sinne des Athanasius erklärte Bernhard nun die Menschwerdung Christi mit dem Ziel, dem Menschen ein Gegenüber zu geben, das dieser nach seinen eigenen Wahrnehmungsbedingungen lieben kann: Da der Mensch von sich aus nicht zu geistiger Liebe fähig ist, muss er erst durch die Begegnung mit dem menschlich gewordenen Gott angeregt werden, um dann aber – begründet in der Zwei-Naturen-Existenz Jesu Christi – über das Äußerlich-Menschliche zum Geistlich-Göttlichen hinaufzusteigen. Dies ist ein Aufstieg, der ganz Antwort ist: «Lerne, o Christ, von Christus, wie du Christus lieben sollst.

Lerne, ihn mit Zärtlichkeit zu lieben, ihn mit Klugheit zu lieben, ihn mit Stärke zu lieben.» (*s. cant.* 20; BCW V, 280 f.) Bernhard gelingt es damit, platonisches Denken und christliche Dogmatik zu verbinden. Die Anleitung zu mystischer Frömmigkeit kann nur gelingen, wenn sie um das Geheimnis der zwei Naturen, um die Inkarnation Christi, kreist – aber sie erschöpft sich nicht im Kreisen um die Fleischwerdung, sondern beschreitet mit Hilfe des Fleischgewordenen den Weg zu Gott.

So werden die Predigten Bernhards über weite Strecken nicht nur zur Predigt über den Aufstieg der Seele als Braut, sondern auch über das Wesen des Bräutigams Jesus Christus und seine Inkarnation: Mystische Predigt ist hier im innersten Kern Christuspredigt, und christologische Gedanken durchziehen die Predigten Bernhards in viel stärkerem Maße als die Traktate des Dionysius. Doch sie dienen nicht der spekulativen Dogmatik, sondern erläutern, wie es möglich ist, dass der glaubende und liebende Mensch erlöst wird. Grundlage dafür, dass überhaupt eine mystische Begegnung zwischen Seele und Gott möglich ist, ist die Einigung von Mensch und Gott in Jesus Christus, die für Bernhard eigentlich widersinnig ist, weil er sich im Verständnis neuplatonischer Philosophie und Theologie Gott als ganz geistig und immateriell vorstellt. Allein schon die Verbindung zwischen dieser Geistigkeit und der Fleischlichkeit bedeutet damit in gewisser Weise einen Weg in die Fremde und folgt damit dem Vorbild des gesamten Lebensweges Christi, der ganz unter den Vorzeichen der Passion, des Leidens gedacht ist (*s. cant.* 43; BCW VI,98–101). Christus, der es nicht nötig gehabt hätte, zu sterben, hätte es auch nicht nötig gehabt, Fleisch zu werden: Er hat dies aus reiner Liebe getan und hat damit als der, der selbst trotz seiner Menschlichkeit nicht von Sünde gezeichnet war, im Sinne einer ganz klassischen Sühnetheologie Sühne für die Sünden der Menschen geleistet (*s. cant.* 20; BCW V,278–281). Um die Besonderheit dieser Selbstentäußerung Christi zu beschreiben, kommt Bernhard zu einem hochgreifenden Vergleich zwischen Schöpfer- und Erlösermacht Gottes: «In sechs Tagen hat Gott alles geschaffen, darunter auch dich: Durch volle dreißig Jahre jedoch hat er zu deinem Heil inmitten der Welt gewirkt.»

(*s. cant.* 11; BCW V,166 f.) Die Erlösung wird ganz durch die Macht Gottes bewirkt: Das mystische Geschehen erfordert für Bernhard zwar eine umfassende Vorbereitung auf Seiten des Menschen, aber es ist doch im innersten Kern ein Gnadenhandeln Gottes. Dass die Braut im Hohenlied sagt: «Zieh mich hinter dir her» (Hld 1,4), wird Bernhard zum Beleg dafür, dass es nicht die Kraft der Seele ist, die sie zu Gott führt, sondern ausschließlich die Kraft Gottes, die die Seele emporzieht (*s. cant.* 21; BCW V,291).

Noch ausführlicher als über Christus spricht Bernhard über die Seele des Menschen, konkret: über die menschliche Seele, wie er sie bei den Mönchen, deren Seelenführer er ist, voraussetzt. Auch hier wird der Grundbestand der westlichen Dogmatik in einen neuplatonischen Rahmen eingefügt und auf eine Erhellung der Existenz des Menschen im Angesichts Gottes zugespitzt. Voraussetzung aller Beschreibung des Menschen, wie er auf Erden ist, ist seine Gottesferne: Durch die Sünde ist er von Gott getrennt. Aber dies ist nicht der ursprüngliche Zustand der Seele, sondern, ganz im Sinne der Sündenlehre Augustins, erst der Stand der Seele nach dem Sündenfall, der die Seele gewissermaßen ins Exil geführt hat (*s. cant.* 11; BCW V,162 f.). Die Seele nämlich ist – auch diesen Gedanken nimmt er von Augustin auf – in ihrer Dreiheit von Vernunft, Wille und Gedächtnis Abbild der Trinität. Sie kann sogar als «meine arme Trinität» bezeichnet werden (*s. cant.* 11; BCW V,162 f.). Arm ist sie, weil sie in die Gottesferne gerückt ist, fern von ihrem Ursprung, zu dem sie sich nun, wie Bernhard ganz im Sinne der altkirchlichen Neuplatoniker lehrt, zurücksehnt. Ihr jetziges Dasein in der Welt gleicht einem Kerker (*s. cant.* 21; BCW V, 292 f.), aus dem sie befreit werden muss, um zu ihrer eigentlichen Bestimmung zurückzukehren.

Die Begegnung mit Christus, die dies ermöglicht, ist für Bernhard jedoch ambivalent. Christus ist zugleich Erbarmen und Gericht, ruft Furcht wie Hoffnung hervor (*s. cant.* 6; BCW V,106 f.). Bernhard wäre unterschätzt, wollte man ihm aufgrund seiner erotisierenden und zarten Bilder für Christus ein harmonistisches Christusbild unterstellen. Der Weg zu Gott kann nicht anders begangen werden als durch eine Krise hindurch, in der der Mensch seiner Gottesferne gewahr wird. Das ist der furchterregende, richtende Aspekt in der Begegnung mit Christus, der den Menschen zur Buße ruft, die in Bernhards kirchlichem Verständnis von Mystik die Stelle einnimmt, die abstrakter gedacht in neuplatonischen Systemen die Reinigung als erste Stufe des Erlösungsweges innehat. Mystik erweist sich damit gerade bei Bernhard im innersten Kern als monastische Bußtheologie, so wie auch die gleichzeitige Entwicklung in der Kirche des Ostens vor alle mystische Erlösungshoffnung einen Weg der Askese, der Überwindung der Leidenschaften gesetzt hat: In der einen oder anderen Weise besitzt die Tendenz zur Überschreitung der Grenzen der eigenen Immanenz und damit letztlich des eigenen Ich, auf die jede mystische Theologie und Frömmigkeit nach der oben vorgeschlagenen Definition immer wieder hinausläuft, ganz selbstverständlich einen Hang zur Zerstörung des eigenen Ich – sofern dieses eben der Entgrenzung entgegensteht. Und dies wird im monastischen Kontext durch die Betonung der asketischen und büßenden Elemente ausgedrückt, deren gemeinsames Ziel es ist, die sündige Verklammerung in die eigenen Leidenschaften und Bedürfnisse zu überwinden.

Bernhard kann diesen Vorgang – und letztlich auch die bei Dionysius grundgelegte Dreistufung des Weges zur Einigung mit Gott – auch mit dem oben schon erwähnten Bild vom Kuss ausdrücken: Dem Kuss des Mundes als der höchsten Stufe der Einigung mit Gott, als *unio mystica*, gehen nach der dritten der Hoheliedpredigten ein Kuss der Füße und ein Kuss der Hände Jesu Christi voraus. Die Bildlichkeit fasst den mystischen Aufstieg in sich und setzt mit der tiefsten Selbstdemütigung ein. Der Kuss des Fußes folgt dem Vorbild der Sünderin, die Jesus nach Lukas 7,36–50 mit kostbarem Öl gesalbt und seine Füße geküsst hat und die von der christlichen Tradition mit Maria Magdalena gleichgesetzt worden ist. Dass Jesus ihr in der neutestamentlichen Erzählung die Vergebung der Sünden zusprach, legte es nahe, diese Handlung als Akt der Buße zu interpretieren. Für Bernhard war damit der erste Schritt des mystischen Weges, die Reinigung, in spezifisch kirchlicher Form erfolgt. Es ging nicht so sehr um die Reinigung von menschlichen Vorstellungen wie bei Dionysius, sondern um die von den Sünden durch Bekenntnis und Reue. Auch wenn Bernhard dies nicht in den Kategorien eines sakramentalen Vollzuges beschrieb, so war doch deutlich, dass es hier in der Tat um jene Buße ging, die nach der mittelalterlichen christlichen Lehre eines der grundlegenden Sakramente darstellte. Mystische Theologie erweist sich hier als zutiefst kirchliche Bußtheologie. Bernhard weiß nicht allein von den Höhen der Vereinigung mit Gott, sondern auch von den Tiefen der Demütigung vor Gott zu berichten. Aber diese Demütigung soll wiederum nicht Selbstdestruktion sein. Ausdrücklich warnt Bernhard davor, sich selbstquälerisch in den eigenen Sünden zu ergehen (*s. cant.* 6; BCW V,108 f.). Das ist auch ein Indiz für die im Zisterzienserkloster verbreitete Bußgesinnung, die Bernhard weder ganz ablehnte noch einfach weiterführte, sondern in die mystische Aufstiegslehre zu integrieren suchte. Daher schloss schon der Kuss der Füße auch einen Blick nach oben, in Richtung auf den erlösenden, sich erbarmenden Gott ein. So führte die Konfrontation mit der eigenen Nichtigkeit im Angesicht Gottes schon in ein Anerkanntwerden durch Gott:

> Denn wenn du endlich vom Schmerz über deine Sünde und von der Furcht vor dem Gericht gequält wirst, dann hast du deine Lippen auf den Fuß der Wahrheit und des Gerichts gedrückt; wenn du dann die Furcht und den Schmerz durch den Anblick der göttlichen Güte und durch die Hoffnung, Gnade zu erlangen, mäßigst, dann wisse, dass du auch den Fuß des Erbarmens umfängst. (*s. cant.* 6; BCW V, 108 f.)

Gericht und Erbarmen liegen in diesem Vorgang der Selbstdemütigung beieinander. Das heißt mit Blick auf die Buße: Reue über die eigene Sünde und Freispruch durch Jesus Christus bilden erst zusammen den Vorgang der Buße – eine Doppelstruktur, die sich durch die weitere mystische Tradition des Westens bis hin zu ihrem späten Erben Martin Luther durchhalten sollte. Die Negation des eigenen Ich durch die Erkenntnis der Sündigkeit führt unmittelbar in die Annahme durch Gott selbst.

Was Bernhard als weiteren Aufstieg beschreibt, ist keineswegs nur der Rückzug ins Innere, die tiefe Kontemplation, so groß deren Bedeutung in seiner Botschaft ist. Zunächst hat derjenige, der sich auf den Weg zur mystischen Begegnung macht, eine weitere Stufe zu erklimmen: den Kuss der Hände. Die Selbsterniedrigung hat eine neue Perspektive des Lebens geöffnet. Der Mensch, der eben noch für seine Sünden Buße tat, kehrt nun tatsächlich um, und dies nicht nur in einem inneren Bewusstseinsakt, sondern, dafür stehen die Hände, in seiner realen Lebenswirklichkeit. So wie im Bußsakrament auf das mündliche Bekenntnis die Genugtuung durch Werke folgen soll, so hat auch diese außersakramentale Buße Folgen, die freilich nicht einfach in ein Tun münden, sondern in eine bestimmte Haltung der Nachfolge, und zwar eine Nachfolge Christi im Leiden (*s. cant.* 21; BCW V, 294 f.). Man kann in diesen Ausführungen auch eine Umkehr der Orientierung der monastischen Existenz sehen: Wenn Bernhard seine Brüder ermahnt, sich nicht auf die permanente Buße zu fixieren, sondern darüber hinaus zu gelangen, so integriert er gerade in die nächste Aufstiegsstufe die monastische Spiritualität der Askese: Sie ist nicht nur Negation des eigenen Ich wie auf der ersten Stufe, sondern sie hat einen christologischen Sinn, indem sie durch die Leidensnachfolge eine Ähnlichkeit mit jenem Mensch gewordenen Gott ermöglicht, der herabgestiegen ist, um den Menschen zur Liebe anzuhalten. Indem diese Spiritualität schon in der beschriebenen Ambivalenz des Kusses der Füße eine Reaktion auf das göttliche Erbarmen darstellt, vermeidet Bernhard einen Aspekt, den vor allem protestantische Kritik in der Neuzeit der Mystik immer wieder vorgeworfen hat: den Gedanken der Selbsterlösung. Alles, was er beschreibt, ist nur möglich aufgrund der Gnade Gottes, die das gerade völlig destruierte Selbst aufgreift und emporführt: Der mystische Weg ist durch und durch ein Gnadenweg (*s. cant.* 3; BCW V,82 f.). Das heißt nicht, dass zu seiner Umsetzung nicht auch Forderungen an die Mönche gestellt würden. Der Abt von Citeaux greift offenkundig auf die Lebensrealität seines Klosters zurück, wenn er die Mönche daran erinnert, dass eine besondere Möglichkeit zur Begegnung mit Gott in den Stundengebeten gegeben sei, und sie daher ermahnt, in der nächtlichen Gebetsstunde, der Vigil, nicht einzuschlafen (*s. cant.* 7; BCW V,114 f.). Er beschreibt auch die vielen möglichen Stufen des Weges zu Gott, die sich keineswegs immer in einem Dreierschema erschöpfen und die viel mit der Selbstkontrolle monastischen Lebens zu tun haben. Aber indem an den Anfang die Demütigung des Selbst gestellt wird, ist der Ausgangspunkt für alles Gott allein (*s. cant.* 4; BCW V,86 f.). Der Mensch erklimmt nicht die Leiter zu Gott, sondern Gott zieht ihn zu sich empor.

Freilich wird auch auf der höchsten Stufe Gott nie ganz erreicht: Selbst noch der Kuss des Mundes, die Vereinigung von Christus und Seele zu einem Geist (*s. cant.* 3; BCW V,82 f.), ist weniger als die Verbindung zwischen Vater und Sohn. Aber sie stellt durch die dritte Person der Trinität, den Heiligen Geist, die Verbindung mit dieser innertrinitarischen Verbindung her (*s. cant.* 8; BCW V,120–123). Der Heilige Geist wirkt auch nach der Überzeugung Bernhards ständig in der Kirche, belebt sie und leitet sie zu Gott. Aber in der Einigung gewinnt der Mystiker eine geistliche Gemeinschaft mit Gott, die über diese allgemein kirchliche Geistbewegtheit hinausgeht. Von Bernhard gewiss nicht beabsichtigt, enthält damit auch sein Denken ein Moment der Relativierung der kirchlichen Institution, die im Mittelalter darauf gegründet war, dass sie durch ihre Amtshierararchie als Wahrerin des Heiligen Geistes angesehen wurde. Aber diese implizite Relativierung konnte schon deswegen keine große Wirkung entfalten, weil sie ja im Rahmen einer der tragenden Institutionen der mittelalterlichen Kirche, im zisterziensischen Kloster, stattfand und durch einen Abt vertreten wurde, der zu den mächtigsten Gestalten der Kirche gehörte. Ihm lag daran, die Einigung mit Christus intensiv zu beschreiben – und doch nicht so intensiv, dass daraus dogmatische Anstößigkeit hätte entstehen können. So reduzierte er das Gewicht der erzielten *unio* auch insofern, als er sie von der letzten Einheit mit Christus am Ende der Zeiten abhob und betonte, dass sie viel geringer sei als diese (*s. cant.* 31; BCW V, 486 f.). Die oben genannte Charakteristik christlicher Mystik, dass sie die Einheit mit Christus immer nur proleptisch, als Vorgriff auf die letzte

Zeit, erfassen kann, zeigt sich bei kaum einem Mystiker so deutlich wie bei Bernhard. Und diese proleptische Struktur gewinnt eine überindividuelle Note. Bernhard ordnet das Geschehen zwischen Seele und Bräutigam, zwischen Glaubendem und Christus ein in den Heilsplan Gottes:

> Die Geschichte ist also ein Garten; sie ist dreigeteilt. Sie umfasst nämlich die Erschaffung, die Versöhnung und die Wiederherstellung der Welt: Die Erschaffung ist wie das Anlegen des Gartens und die Anpflanzung, die Versöhnung aber ist gleichsam das Hervorsprießen der Saaten und Gewächse. Als nämlich die Zeit gekommen war, als die Himmel von oben tauten und die Wolken auf den Gerechten herabregneten, öffnete sich die Erde und ließ den Heiland hervorsprießen, durch den Himmel und Erde versöhnt wurden. Er ist nämlich unser Friede, der beide vereint hat, indem er mit seinem Blut Frieden vermittelt hat zwischen dem, was auf Erden und im Himmel ist. Die Wiederherstellung schließlich wird am Ende der Zeiten sein. Dann wird es einen neuen Himmel und eine neue Erde geben, die Guten werden aus der Mitte der Bösen gesammelt werden wie die Früchte aus dem Garten, um in die Vorratskammer Gottes gebracht zu werden. (*s. cant.* 23; BCW V, 330 f.)

Christus kam mit dem Ziel der Erlösung der Menschen auf die Erde. Nach diesen Ausführungen ist dieses Ziel erst erreicht, wenn der Mensch tatsächlich mit Christus zu Gott aufsteigt. Die Wiederversöhnung zwischen Gott und der Menschheit ist notwendiger Teil des Heilsplans. In dieser Versöhnung zwischen Christus und Mystiker findet ein kleiner Vorgriff auf das Ende der Zeiten statt: Der Mystiker, der momenthaft den Kuss des Mundes erfährt, ist nicht nur in individuelle Seligkeit emporgestiegen, sondern er ist auch an der Schnittstelle zwischen der vergangenen Heilsgeschichte und der Zukunft. So, wie momenthaft die Unterscheidungen aufhören und der Mensch in die überzeitliche Trinität emporgehoben wird, so ist auch die Heilsgeschichte in diesem einen Moment konzentriert an ihr Ziel geführt.

Freilich liegt nicht nur in der Momenthaftigkeit des Geschehens eine Relativierung allzu hochfahrender Ansprüche, die hieraus resultieren könnten, sondern letztlich wird bei Bernhard auch die Unterscheidung zweier Subjekte, wie sie das Bild des Kusses ja ausdrückt, nirgends aufgehoben, ja, die Einigung wird geradezu als eine Wahrnehmung des göttlichen Subjektes durch das menschliche Subjekt beschrieben: Sie ist eine *contemplatio*, ein schauendes Wahrnehmen (*s. cant.* 23; BCW V, 336 f.), das zwar ausdrücklich mehr sein soll als Visionen und Traumbilder (*s. cant.* 31; BCW V, 494 f.), aber eben doch keine völlige Verschmelzung bedeutet. Wohl aber geschieht mit dem schauenden Menschen etwas, er wird geradezu in die Trinität hineingenommen: «Erkenne dich im Geist des Sohnes als Tochter des Vaters, als Braut oder Schwester des Sohnes.» (*s. cant.* 8; BCW V, 130 f.) Die hier hervorgerufenen Bilder gehen sicher an die Grenze des noch dogmatisch Sagbaren, sind aber mit den Mitteln der begrifflichen Dogmatik auch nicht vollends greifbar. Es sind Metaphern, die einen Prozess beschreiben wollen, der sich letztlich der Beschreibung entzieht. Hier wird der Hörer Bernhards auf jene Lehrerin Erfahrung zurückgelenkt, auf die Bernhard selbst sich beruft und die allein die Inhalte lehren kann, von denen er spricht.

Es ist dieser Gebrauch der Sprache, der Bernhard von wichtigen Strömungen seiner Zeit abhebt. Von einigen Forschern wird gerade anhand von Bernhard das Modell einer «monastischen Theologie» betont, die sich von der im 12. Jahrhundert aufkommenden «scholastischen Theologie» stark unterscheide. Obwohl dieses Deutungsmuster vielleicht manche Differenzen überzeichnet, erfasst es jedenfalls angemessen die Verschiedenheit der Sprachmodi: In einer Zeit, in der ein Roscelin von Compiègne (ca. 1050–1120/25) oder ein Wilhelm von Champeaux (ca. 1070–1122) beginnen, den aus der antiken Philosophie und dem Gegensatz von Plato und Aristoteles tradierten Streit um den denkerischen Status der Allgemeinbegriffe, den Universalienstreit, mit neuem Leben zu füllen, und man darüber debattiert, ob Allgemeinbegriffe wie «Mensch» oder «Lebewesen» nur zusammenfassende Benennungen für viele einzeln existierende Objekte sind (Nominalismus) oder ob eine solche Allgemeinheit tatsächlich außerhalb des menschlichen Verstandes existiert (Realismus), hatte Bernhard Zutrauen zu der erfahrungsgesättigten Sprache der Metaphern – ohne dabei intellektuell hinter seinen Zeitgenossen zurückstehen zu müssen. Die Einbindung seiner Erfahrungstheologie in die Lehre von den inneren Bezügen der Trinität wie in die heilsgeschichtlichen Entwürfe der biblischen Theologie erreicht höchstes denkerisches Niveau. Konzentriert um die Erfahrungswirklichkeit des monastischen Lebens gelingt es Bernhard, den inneren Zusammenhang der Theologie in seinen Predigten offenzulegen. Dieser eigene Zugang zur Theologie wurde, wie die erwähnte Auseinandersetzung mit Abaelard zeigt, zeitgenössisch erkannt und anerkannt. Bernhards Anspruch, mit seiner Erfahrungstheologie mehr als nur individuell Verbindliches zu lehren, erschießt sich nicht nur aus der Einbindung seiner mystischen Erfahrungswelt in die allgemeinen Lehren der Theologie, sondern auch aus solchen Auseinandersetzungen und seinem zeitweiligen Erfolg, der freilich wiederum durch Streitigkeiten zwischen den Orden hintertrieben wurde.

3. Hugo von St. Viktor

Freilich musste sich im 12. Jahrhundert mystische Theologie nicht so deutlich gegen die neuen Herausforderungen der Theologie stellen, wie sie vor allem in den Schulen der Städte gelehrt wurde. In diesem gesellschaftlichen Zusammenhang konnte nicht wie bei Bernhard die binnenmonastische Sicht der Stabilisierung der Spiritualität der Mönche allein im Vordergrund stehen, sondern die Ausbildungsfunktion am Übergang zwischen klösterlicher und bürgerlicher Welt machte es nötig, auch die weltlichen Erkenntnisse und Wissenschaften zu integrieren. Das Stift St. Viktor trug eine dieser aufstrebenden Schulen: Die Gemeinschaft von Augustiner-Chorherren hatte ihre Aufgabe im sakramentalen und auch pastoralen Dienst. Die Pariser Abtei war in der Tradition der augustinischen Klerikergemeinschaften organisiert. Im Unterschied zum klassischen benediktinischen Mönchtum, aus dem auch der Zisterzienserorden erwachsen war, waren diese Gemeinschaften nicht primär um der Askese willen entstanden, sondern stellten Zusammenschlüsse von Klerikern dar, die ohnehin durch ihren Stand auf Ehelosigkeit verpflichtet waren und durch die Augustinusregel in eine hervorgehobene Lebensgemeinschaft eingebunden waren, die ihr Leben als Kleriker sichern und stützen sollte. Ihr Ausbildungsbetrieb war damit eine konsequente Auswirkung ihrer Zuwendung zu der sie umgebenden städtischen Lebenswelt, auch wenn die Schüler selbst wiederum Kleriker waren, die sich auf die geistliche Laufbahn vorbereiteten.

Wenn sich also in St. Viktor gleichzeitig mit Bernhard auch eine Form von Mystik entwickelte, so fand diese ihren Anfang weniger in der monastischen Buße als in der schulmäßigen Erkundung der Welt, die in ihrer letzten und höchsten Stufe zu einer neuen Schau Gottes führen sollte und konnte. Hugo von St. Viktor (gest. 1141) bot einen umfassenden Entwurf der Erkenntnisformen seiner Zeit, der die schulische Erkenntnis mit der über sie hinausgehenden mystischen Erkenntnis verband. Bei ihm findet sich auch die erotische Bildsprache eines Bernhard, er hat sogar eine ganze Schrift, das «*Soliloquium de arrha animae*», als «*Selbstgespräch über die Brautgabe der Seele*» angelegt, einen literarischen Dialog zwischen einem Menschen und seiner Seele, den er Mitgliedern des Chorherrenstifts in Hamersleben (nördlich von Halberstadt) gewidmet hat. Hugo belegt in dieser ungeheuer weit – in über 300 Handschriften – verbreiteten Schrift, dass Bernhards erotisierte Mystik den Bedürfnissen der Zeit entsprach. Aber die inhaltliche Ausgestaltung seiner Mystik war – auch weil er mehr durch Augustins Liebessprache als durch die des Hohenliedes geprägt war – ganz anders als bei Bernhard, denn seine Mystik war weniger affektiv als intellektuell. Der Weg zur Liebe und zur mystischen Einigung ging bei ihm über die Vernunft, die der mystisch gesonnene Mensch zwar hinter sich lassen sollte, die er aber im Zuge seines Aufstiegs zunächst zu entfalten und zu durchdringen hatte. Betonte Bernhard, dass die Vernunft in der mystischen Schau überstiegen werden müsse, so legte umgekehrt sein Pariser Zeitgenosse Hugo Wert darauf, dass es die Vernunft war, über die der Anstieg erfolgen müsse. In deutlich erkennbarem Unterschied zu Bernhard war für ihn die Erfahrung nicht ein leitender Gegenbegriff zu einem rational orientierten Verstehenskonzept, sondern die organische Vertiefung beziehungsweise Überhöhung der für jeden erlernbaren Erkenntnis, wie sie die moderne, philosophisch geschulte Wissenschaft des 12. Jahrhunderts bieten konnte.

So, wie Bernhard im individuellen Geschehen zwischen Seele und Christus eine Konzentration der Heilsgeschichte sah, in der Versöhnung zwischen Seele und Christus den Punkt erblickte, an dem die Inkarnation Christi an ihr Ziel kam, verstand auch Hugo das mystische Geschehen als Kulminationspunkt einer das Individuum weit übersteigenden, umfassenden Geschichte, nun aber nicht der spezifischen christlichen Heilsgeschichte, sondern der Geschichte und Natur überhaupt. Im *Soliloquium* spricht der Mensch zu seiner Seele:

> Schau an diese ganze Welt und betrachte, ob etwas in ihr ist, das dir nicht dient. Alle Natur richtet auf dieses Ziel ihren Lauf, für deinen Dienst da zu sein, deinem Vorteil zu dienen, deinem Ergötzen wie deinen Bedürfnissen in unerschöpflichem Überfluss sich darzubieten. Himmel und Erde, Luft und Meer, mit allem, was darin ist, hören nicht auf, dieses Ziel zu erfüllen. (*Sol.* 6,40–7,6)

Wenn der ganze Kosmos auf das Heil der Seele ausgerichtet ist, so kann es auch keinen Zwiespalt zwischen der denkerischen Erfassung des Kosmos und dem Seelenheil geben. Im Gegenteil, alles greift harmonisch ineinander. Hugo entwarf einen ganzen Wissenskosmos, in dem die Theologie organisch mit Naturwissenschaften und Mathematik verbunden war. Diese Theologie war zunächst noch als eine erlernbare, jedem Menschen zugängliche Erkenntnis gedacht, als «weltliche Theologie» – in etwa das, was später als Metaphysik bezeichnet wurde. Von ihr unterschied er aber die göttliche Theologie, worunter er die auf Gottes Offenbarung, also den biblischen Schriften, beruhende Gotteserkenntnis verstand (PL 175,923–928). Auch deren Auslegung bewegte sich noch prinzipiell auf der Ebene der intellektuellen Erkenntnis. Genau an dieser Stelle kam es dann zur Übersteigerung, denn eine wirkliche Bibelerkenntnis war nach

Hugo durch den Intellekt allein nicht möglich, sondern bedurfte der affektiven Beziehung:

> Wenn die Worte des Wortes nicht geliebt werden, werden sie nicht verstanden, und sie werden nicht geliebt, wenn sie nicht geschmeckt werden. (PL 175,1036 C–D)

Was hier zugrunde liegt, ist, ein halbes Jahrhundert vor der Gründung der Pariser Universität, die ein Stufensystem der philosophischen *artes* und der darauf aufbauenden höheren Fakultäten – unter ihnen der Theologie – schuf, der Gedanke des intellektuellen Aufstiegs von den äußeren Erkenntnissen über innere Gründe hin zum inneren Wesen. Man kann dies als einen Studienplan beschreiben, und doch zeigt diese Deutbarkeit als Aufstieg zugleich, dass hier wieder jenes neuplatonische Schema eine Rolle spielt, das auch sonst bedeutsam für mystisches Denken ist: der Aufstieg vom Materiellen zum Geistigen. Dieser Aufstieg ist nicht als ein Aufstieg vom Intellekt zur Liebe zu verstehen, sondern die Liebe zum göttlichen Wort ist innerhalb der Liebesmöglichkeiten der menschlichen Seele eine Steigerung gegenüber den verschiedenen Liebesweisen, mit denen sich die Seele nach ihrem Bekenntnis im *Soliloquium* der Welt zuwendet (*Sol* 4,14–22). Das Geistige aber ist – auch dies entspricht mystischem Denken – mehr als Intellekt, beziehungsweise es ist Vertiefung des Intellekts: Die Liebe führt zum Verstehen, und eben hier steht auch der Begriff des *intellegere*! Intellektverstehen und affektiver Zugang zur göttlichen Wirklichkeit gehören zusammen, wobei noch keineswegs zwingend an eine unmittelbare Begegnung mystischer Art mit Gott gedacht ist.

Dem Göttlichen nähert sich Hugo in Dreiersequenzen, die anders als die bisher vorgestellten Überlegungen weniger die Sacheinteilung der Wissenschaften im Blick haben als die anthropologische Seite, die menschlichen Bedingungen von Erkenntnis. Wie Bernhard greift Hugo dabei auf eine metaphorische Sprache zurück, doch bleibt diese durchsichtiger für ein begriffliches Verstehen. Er unterscheidet im 10. Teil seiner großen Abhandlung *De sacramentis* in der Ausstattung des Menschen drei Augen, die man als drei unterschiedliche Verstehensformen fassen kann:

das fleischliche Auge, das Auge der Vernunft und das Auge der Schau (PL 176,329 f.). Hier, im erkenntnistheoretischen Rahmen, nicht in der Bußspiritualität des Klosters oder des Chorherrenstifts, kommt der Rede von der Sünde eine zentrale Rolle zu. Denn die Erbsünde hat dem Menschen das Licht der Schau genommen, hat das Licht der Vernunft verdunkelt, und lediglich das fleischliche Auge blieb unversehrt. Wieder sind die Übergänge fließender als bei Bernhard. Ist für diesen die Sünde ein negatives Vorzeichen für die gesamte Existenz des Menschen, das ins Positive gewendet werden muss, so geht es bei Hugo um die Reduktion der Möglichkeiten auf das bloß äußere Sehen und einen begrenzten Vernunftgebrauch. Die menschliche Vernunft wird also als erweiterbar verstanden, ohne dabei ihre eigenen Grenzen zu überschreiten – so, wie die Liebe den Menschen erst zum wirklichen Verstehen des biblischen Textes führt. Die Verstehensebene ist allerdings unzureichend und vorläufig, das Auge der Schau übersteigt offenkundig selbst noch die Stufen der vernunftmöglichen Erkenntnis und damit auch die der *theologia divina*. Diese ist eine Erhellung der Möglichkeiten der Vernunft, und dies im wahrsten Sinne des Wortes. Als Augustiner-Chorherren waren die Kleriker von St. Viktor auch auf den Urheber ihrer Gemeinschaftsregel, den Kirchenvater Augustin, bezogen, dessen Erkenntnistheorie im Mittelpunkt den Gedanken einer Erleuchtung, einer Illumination, hatte, die nicht ein Überschreiten der Vernunftmöglichkeiten, sondern ihre eigentliche Realisierung bedeutete: Die von der Sünde verdunkelte Vernunft wurde durch die Zuwendung zu Gott erhellt. In mystischen Kategorien war mit der *theologia divina* erst die zweite Stufe, die der Reinigung folgende Erleuchtung, erreicht. Der nächste Schritt überstieg das, was im Rahmen eines vernunftorientierten Schulbetriebs zu lernen war, und eröffnete ein über die Vernunft hinausgehendes Auge der Schau.

Dies war an die spirituelle Lebensgemeinschaft der Kleriker gebunden, wie eine andere Dreierreihe deutlich macht, die Hugo vorstellte, um den Weg zur Schau, zur *contemplatio,* zu beschreiben. Sie wird dadurch erreicht, dass der Umgang mit der Bibel vom Äußeren zum Inneren voranschreitet: Von der bloßen

Lesung geht der Weg tiefer in das Gebet bis hin zu jener *contemplatio*, die über das biblische Wort und durch es hindurch zu seinem eigentlichen Inhalt, Gott selbst, vordringt. Dies sind praktische Anweisungen zum Lebensvollzug einer auf Rückzug und Stille ausgerichteten Lebensgemeinschaft, Techniken also, die zu jener *contemplatio* führen sollen, die in ihrer höchsten Form eine *unio* ermöglicht, die Hugo in Begriffen beschreiben kann, die aus demselben metaphorischen Schatz der Brautmystik stammen wie die Mystik Bernhards. Aber auch wenn es Techniken sind, so wird doch deutlich: Es geht hier nicht um einen für alle erreichbaren Weg, sondern es geht um den Weg der *conversio*, der Umkehr des Lebens, wie ihn der Mönch oder der Augustiner-Chorherr vollzogen hat.

Am Ende, an seinem höchsten mystischen Gipfel, überwiegen die Ähnlichkeiten zu Bernhard. Bei Hugo geht es wie bei Bernhard um eine Spiritualität für eine konkrete geistliche Gemeinschaft und um einen Lebensvollzug, der nur in dieser Gemeinschaft möglich ist. Aber die Weite des Ansatzes ist eine ganz andere als bei Bernhard: Der Mystiker Hugo steht den verschiedenen Zugängen zur Weltwirklichkeit nicht entgegen, sondern er führt sie zusammen und überhöht sie. Die verschiedenen Dreierreihen, die nicht einfach ineinanderprojiziert werden können, sondern die wie eine beständige Steigerung immer neu auf einer immer höheren Stufe ansetzen, drücken aus, dass der mystische Weg nicht als Alternative zur Weltweisheit verstanden wird wie bei Bernhard, sondern als letzte Vertiefung dessen, was ein im 12. Jahrhundert moderner Mensch an Wissenschaft lernen konnte.

4. Hildegard von Bingen

Das Leben in biblisch-metaphorischer Sprache verbindet Hugo wie Bernhard mit einer weiteren Zeitgenossin, deren Weg sich kurz sogar mit dem Bernhards kreuzte: Hildegard von Bingen (1098–1179). Aus einem niederen Adelsgeschlecht stammend, war sie 1136 zur Äbtissin des Nonnenkonventes auf dem Disibodenberg bei Kreuznach aufgestiegen und hatte hier nach ihren eigenen Worten eine Berufung erfahren:

> Es geschah im Jahre 1141 nach der Menschwerdung des Gottessohnes Jesus Christus, als ich 42 Jahre und 7 Monate alt war. Aus dem offenen Himmel fuhr blitzend ein feuriges Licht hernieder. Es durchdrang mein Gehirn und setzte mein Herz und die ganze Brust wie eine Flamme in Brand; es verbrannte nicht, war aber heiß, wie die Sonne den Gegenstand erwärmt, auf den ihre Strahlen fallen. Und plötzlich erhielt ich Einsicht in die Schriftauslegung, in den Psalter, die Evangelien und die übrigen katholischen Bücher des Alten und Neuen Testaments. (*Scivias Prolog*; CChr. CM 43,3,24–4,33)

Die Rede vom Licht, vom Erglühen, ja selbst das Bild vom Brennen, das nicht verbrennt: all das gehört zum bekannten Inventar mystischer Texte, und doch ist die heutige Forschung sehr skeptisch gegenüber der gängigen Einordnung Hildegards als Mystikerin. Die zitierten Sätze stehen im Prolog von Hildegards wichtigstem Buch, dem *Liber Scivias*: *Wisse die Wege*, so lautet der bezeichnende Titel in deutscher Übersetzung. Es ist ein bildreiches Buch, voll von Schilderungen von Auditionen und Visionen, in denen Hildegard jenseitige Botschaften empfängt, die sie niederschreibt und weitergibt. Die Visionen beschreiten den Weg von der Menschenschöpfung über Sünde und Erlösung bis hin zu den letzten Dingen. Farbenprächtige Illustrationen in den Handschriften haben ins Bild umgesetzt, was Hildegard geschaut hat. Doch Hildegard bleibt ganz Hildegard: Sie schaut und hört, was aus dem Jenseits kommt, wird aber nicht ins Jenseits gezogen. Die Vorstellung einer Einheit von menschlicher Seele und Christus, die die Grenze zwischen Diesseits und Jenseits überwindet und im eigentlichen Sinne mystisch ist, findet sich bei ihr nicht. Auch die Spekulationen über einen engen Zusammenhang zwischen dem Menschen und dem gesamten Kosmos, die von großer Bedeutung für ihre medizinischen Vorstellungen sind, sind eher Ausdruck des traditionellen Glaubens an den Menschen als Schöpfungsmittelpunkt als einer besonderen Christusvereinigung.

Will man die besondere Rolle Hildegards verstehen, so ist wohl weniger von einer Mystikerin zu sprechen als von einer Prophetin, aber nicht nur einer Prophetin der Zukunft, sondern

Hildegard von Bingen gewann im 12. Jahrhundert durch ihre Visionen prophetische Autorität. Spätmittelalterliche Miniatur mit Hildegard als Seherin, Pinacoteca Nazionale, Siena.

auch einer Künderin der gesamten Heilsgeschichte aufgrund des biblischen Offenbarungstextes. Ähnlich wie eine Generation später der Abt Joachim von Fiore, war auch die vornehme Äbtissin von der Überzeugung getragen, dass der biblische Text noch seiner eigentlichen Erschließung harre, und sie sah sich als Künderin seines eigentlichen Sinns. Damit beanspruchte sie eine Aufgabe, die seit den Auseinandersetzungen um die Gnosis im zweiten Jahrhundert der kirchlichen Tradition und in ihr dem bischöflichen Amt zugekommen war. Die damit gegebene Konkurrenz mit den Amtsträgern der Kirche, die sie in *Scivias* als «die erlesenen Väter und Verwalter der kirchlichen Disziplin» pries (CChr.CM 43,177,212 f.), hat sie nicht gesucht, im Gegenteil: Ihre Berührung mit Bernhard rührt daher, dass sie ihn in den vierziger Jahren des 12. Jahrhunderts um Bestätigung ihrer seherischen Gabe bat, worauf er freilich nicht sehr enthusiastisch reagierte. So kam es in Trier um die Jahreswende 1147/48 zu einer Synode unter Leitung des Papstes Eugen III., auf der zahlreiche Geistliche der gesamten Kirche, unter ihnen Bernhard selbst, versammelt waren. Der für den Disibodenberg zuständige Mainzer Erzbischof informierte über Hildegards Sehergabe, und es wurde eine Kommission zu ihr geschickt, um der Sache auf den Grund zu gehen. Diese machte nach ihrer Rückkehr nach Trier einen Teil des *Liber Scivias* bekannt. Nun ergriff Bernhard öffentlich Partei für Hildegard, und der Papst forderte sie eigens auf, ihr Werk fortzusetzen. Von höchster Stelle legitimiert, tat sie dies und entfaltete nun einen Lebensstil als Äbtissin, der durch ihre adelige Herkunft und spirituelle Begabung von höchstem Selbstbewusstsein getragen war. Dem gab nicht allein die Gründung eines eigenen Klosters auf dem Rupertsberg bei Bingen Ausdruck, in dem fortan vor allem Nonnen adeliger Herkunft versammelt waren, sondern auch ihre Stellungnahmen gegenüber den höchsten Würdenträgern: Der Stauferkaiser Friedrich Barbarossa erhielt von ihr Ratschläge, und der Erzbischof von Mainz konnte sich ihr gegenüber nicht durchsetzen. Als er die Äbtissin mit einem Interdikt, dem Verbot spiritueller Handlungen, strafte, weil sie 1178 der Bestattung eines exkommunizierten jungen Adeligen auf ihrem klösterlichen Friedhof zugestimmt hatte, brachte sie ihm gegenüber in aller Schroffheit ihre Nähe zu Gott ins Spiel:

> O milder Vater! (...) (Nun) blickte ich – wie gewohnt – zum wahren Licht auf. In ihm hat Gott mir geboten, niemals freiwillig der Entfernung dessen zuzustimmen, den Er selbst aus dem Schoß der Kirche aufgenommen habe, da er für die Herrlichkeit der Erlösten bestimmt sei (...). Hätte die Furcht vor dem allmächtigen Gott mich nicht gehindert, hätte ich den Mainzer Prälaten demütig gehorcht. (CChr.CM 91,66,18–67,28)

So durch die Äbtissin von Gott selbst ermahnt, musste der Erzbischof klein beigeben. Doch wieder fällt auf: Hildegard beruft sich wie die alttestamentlichen Propheten auf eine Weisung Gottes, nicht auf eine Verschmelzung ihrer Seele mit Gott selbst. Sie ist Prophetin, nicht Mystikerin – als solche aber ein Ausdruck dafür, wie die charismatische Gabe im 12. Jahrhundert einer Frau zu bemerkenswerter Unabhängigkeit, ja Macht gegenüber der kirchlichen Hierarchie verhelfen konnte. Diese Konfliktlinie zwischen geistbegabten Frauen und der offiziell den Geist tragenden Hierarchie sollte sich auch in der späteren Geschichte der Mystik zeigen.

VI. Gottes «ruof» an alle

Auf dem Weg zu einer weltlichen Mystik in der Christenheit des Westens

1. Franz von Assisi und die Armutsbewegung

Bernhard und Hildegard stammten beide aus adeligen Kreisen und repräsentierten damit den sozialen Hintergrund der bestimmenden monastischen Kreise des 12. Jahrhunderts. Lediglich bei Hugo deutete sich die Konfrontation mit neuen sozialen Herausforderungen an. Er reflektierte die städtische Existenz, den für Städte erforderlichen Wissenskanon, aber das Gesamtgefüge seines Werkes hatte doch einen traditionellen Charakter. Gleichzeitig aber begannen schon ganz andere Formen städtisch orientierter Frömmigkeit zu entstehen, die die Kirche des Mittelalters nachhaltiger verändern sollten als alle Impulse, die von Bernhard ausgingen.

Noch zu Bernhards Lebzeiten trat in Rom mit Arnold von Brescia (ca. 1100–1155) einer der ersten Vertreter der Vita-apostolica-Bewegung auf, einer vor allem in den Städten Norditaliens und Südfrankreichs verbreiteten Frömmigkeitsbewegung, die die Kirche und insbesondere ihre Kleriker und die Bischöfe als offizielle Nachfolger der Apostel an jenen Idealen von Apostolizität maßen, wie sie in der Aussendungsrede Jesu an seine Jünger im 10. Kapitel des Matthäusevangeliums zum Ausdruck kommen. Hiernach sollte die Botschaft durch ein Leben in Armut unterstützt sein. Nichts sollte der Prediger des Wortes bei sich haben – außer eben diesem Wort, er selbst sollte ganz hinter seiner Botschaft verschwinden.

Die neuen Impulse, die aus diesem biblischen Text kamen, setzten verschiedene Entwicklungen in Gang: Die Waldenser und die Katharer als zwei Gruppierungen, die die mittelalterliche Kirche als häretisch definierte, gingen ebenso auf sie zurück wie die Humiliaten und die Bewegung um Franz von Assisi (1181/2–1226), die in die Kirche integriert wurde. Damit entstanden verschiedene Frömmigkeitsformen, in denen es eine Neigung gab, die Nachfolge Christi nicht oder nicht primär über das Amt zu definieren, sondern über die Lebenswirklichkeit der Menschen. Und damit wurde auch denkbar, dass der Geist nicht so sehr an das Amt gebunden war, sondern auch jenseits des Amtes im einzelnen Gläubigen wirksam werden konnte. Damit aber war ein neuer Ansatzpunkt für den Gedanken der unmittelbaren Berührung Gottes mit dem Gläubigen – an allen Amtsträgern vorbei – eröffnet, der seine Spuren in der Geschichte der Mystik hinterließ, die für die folgenden Jahrhunderte vor allem eine Geschichte der Mystik im Geiste der Vita-apostolica-Bewegung sein sollte: sei es in Gestalt der großen Orden der Franziskaner und Dominikaner, sei es in Gestalt der zunächst gerade nicht in Orden integrierten Beginen.

Im Hinblick auf die Mystik ist Franz ein ähnlicher Grenzfall wie Hildegard: Im strengen Sinne wird man bei ihm vergeblich nach dem Gedanken einer *unio* zwischen Mensch und Christus suchen. Der Mystik nahe sind jedoch seine Berufung auf unmittelbare Offenbarung durch Gott und seine die begrenzte Welt der Vernunft überschreitende Predigt, deren berühmtester Ausdruck seine Predigt an die Vögel ist. Franz fasste den Predigtauftrag nicht so rational auf wie die Prediger der Waldenserbewegung, sondern Predigt war für ihn vornehmlich Gotteslob, ein Lob, in das die ganze Schöpfung einstimmen sollte. Da wurden unzweifelhaft Grenzen gesprengt, die der normalen Frömmigkeit und Predigt gesetzt waren. Die Sprengung dieser Grenzen beruhte auf einer Haltung tiefster Demut und Einfachheit.

Doch zu einem Mystiker haben Franz erst seine Biographen gemacht, und dies nicht nur aufgrund der spirituellen Ansätze in seiner Predigt, sondern auch wegen einer Erzählung aus seinem Leben, von der man heute kaum annehmen wird, dass sie ein tatsächliches Geschehen schildert, die aber für die Zeitgenossen die Besonderheit des Franz ganz und gar sinnenfällig machte: Zurückgezogen auf den Berg Alverna (beziehungsweise La Verna) soll Franz von Assisi im September des Jahres 1224

Die Legende, nach der Franz von Assisi auf dem Berg Alverna die Wundmale Christi empfing, drückt die Identifikation des Ordensgründers mit Jesus Christus selbst aus. Giotto di Bondone, Die Stigmatisation des heiligen Franziskus, Musée du Louvre, Paris die Stigmata, die Wundmale Jesu Christi, erhalten haben. Zu seinen Lebzeiten wird hiervon noch nicht berichtet, aber schon früh nach seinem Tod setzten Nachrichten darüber ein. Zunächst dürfte damit nicht mehr gemeint gewesen sein, als dass Franz von Assisi in besonderer Weise, bis hin zur Identität, Nachfolger Jesu Christi war. Die Biographen aber, die das Bild des Ordensgründers für Zeitgenossen und Nachwelt festklopfen wollten, betteten diesen Vorgang bald in eine Gesamtvorstellung von einem mystischen Franz ein, die ihrerseits einen wichtigen Anstoß dafür bildete, dass die Franziskanerbewegung im 12. Jahrhundert auch mystische Züge bekam.

2. Bonaventura

An diese mystischen Züge knüpfte der bedeutendste Biograph des Franz, Bonaventura (ca. 1217–1274), der als großer scholastischer Gelehrter in Paris in das Amt des Generalministers der Franziskaner gewählt wurde, in seinen mystischen Schriften an:

> Als ich auf La Verna im Geist einige geistige Aufstiege zu Gott durchging, trat mir unterdessen jenes Wunder vor Augen, das eben an diesem Ort dem seligen Vater Franziskus geschah: die Vision des geflügelten Seraph nach dem Bild des Gekreuzigten. Bei dieser Betrachtung zeigte sich mir sogleich, was diese Vision bedeuten soll: die Erhebung unseres Vaters in der Beschauung und den Weg, auf dem man zu ihr gelangt,

heißt es im Prolog des *Itinerarium mentis in Deum*. Bonaventuras mystische Schriften bieten mehr als eine Schilderung der mystischen Verzückung, es handelt sich um mystagogische Anweisungen, die dem Gottsuchenden helfen wollen – freilich, auch wenn die Bücher klare Anweisungen geben, stets unter dem Vorbehalt, dass das eigentliche Handeln nur von Gott erwartet werden kann:

> Wenn du nun fragst, wie das geschehen soll, dann frage die Gnade, nicht die Lehre, die Sehnsucht, nicht die Erkenntnis, das Seufzen des Gebetes, nicht das beflissene Lesen, den Bräutigam, nicht einen Lehrer, Gott, nicht einen Menschen, die Dunkelheit, nicht

> die Klarheit, nicht das Licht, sondern das Feuer, das ganz und gar in Brand setzt und das durch unaussprechliche Salbung und glühende Herzensbewegung in Gott hinüberträgt. (*It.* VII,6)

Bonaventura drückt damit das Dilemma aus, in dem sich viele mystische Autoren sehen: Sie wollen eine Hilfestellung geben, aber nicht den Anschein erwecken, Gott könne durch bestimmte Techniken herbeigezwungen werden. Inhaltlich wollen seine gelehrten Anweisungen kaum mehr bieten als eine Fortschreibung des Erbes aus dem 12. Jahrhundert für die neue franziskanische Spiritualität. Wichtigster Ausgangspunkt der Seelenanweisungen Bonaventuras ist die abgrundtiefe Selbsteinsicht, dass die Seele aufgrund des Sündenfalls ihre eigene Natur verfehlt und sich versündigt hat. Der Mensch ermuntert sie: «Je mehr durch das Bad der Zerknirschung die Finsternis des Geistes abgewaschen wird, um so klarer und leuchtender kann die Wohltat der göttlichen Neugestaltung erkannt werden.» (*Soliloquium* I,29) Es ist die der Buße zuzurechnende Zerknirschung, durch die eine Reinigung bewirkt wird, auf deren Grundlage nicht nur eine Begegnung mit Gott möglich wird, sondern letztlich auch eine Rückkehr zur eigensten Bestimmung der Seele. Diese Rückkehr erfolgt doppelt: durch Weltentsagung und durch Hinwendung zu Gott. Es amtet franziskanische Frömmigkeit, wenn Bonaventura den Menschen unter Verwendung eines Zitats von Anselm von Canterbury zur Seele sagen lässt: «Doch wenn du vielleicht die irdischen Reichtümer, die weltlichen Festlichkeiten und die fleischlichen Lüste liebst, meine Seele, und deswegen die Welt nur ungern verlässt, so beachte, wie unsicher und gebrechlich doch diese Dinge sind›.» (*Soliloquium* II,6) Der Weg nach innen ist bei Bonaventura nur möglich als Absage an alles Äußere und damit an die weltliche Existenz. Die so befreite Seele wendet sich Gott durch die drei theologischen Tugenden Glaube, Liebe und Hoffnung (1. Korinther 13,13) wieder zu. Ist sie von diesen bekleidet, «sieht und hört, atmet, kostet und umarmt sie (die Seele) ihren Bräutigam, dann kann sie mit der Braut das Hohelied singen.» (*It.* IV,3)

Indem er die franziskanische Spiritualität auf das tradierte monastische Ideal ausrichtet, wird es Bonaventura möglich, von den Freuden der Vereinigung mit Gott als einer tatsächlichen Vorwegnahme des Heils zu schreiben. So verweist er die Seele auf die künftige Herrlichkeit und setzt hinzu:

> Ich meine tatsächlich, meine Seele, wenn du diese himmlischen Freuden ständig vor Augen hättest, würdest du aus dieser Verbannung gleichsam eine Vorstadt des himmlischen Reiches erbauen, in der du jene ewige Süßigkeit täglich geistlich im Voraus kostetest. (*Soliloquium* IV, 4)

«Ich meine», *aestimo*: Der Gedanke ist ganz sachte eingeführt und doch inhaltlich von hohem Gewicht: Hier ist der mystagogische Weg an sein Ziel gelangt, wird aus der Übung tatsächlich ein Genießen, ein Genießen aber, das weder automatisch aus der angeleiteten Meditation hervorgeht noch ohne diese Mühe denkbar scheint: Der geistliche Wegweiser Bonaventura hat mit dem *Soliloquium* ein Handbuch für diejenigen Franziskaner geschrieben, die ihre Weltentsagung jenseits der mystischen Frömmigkeit vertiefen wollten. Er verwies sie auf einen Vorgeschmack der ewigen Seligkeit, die nur mit großer Vorsicht beschrieben wird und auch nicht genauer beschrieben werden kann:

> Soll dieser Hinübergang vollkommen sein, dann müssen in ihm alle Tätigkeiten des Erkenntnisvermögens zurückbleiben; die Spitze des Liebesvermögens muss ganz hinübergezogen werden in Gott und gottförmig werden. Das ist etwas Geheimnisvolles und Verborgenes, das niemand kennt, außer wer es empfängt. (*It.* VII,4)

Die Formulierungen deuten an, dass Bonaventura sich wie einst Bernhard zu jenen zählte, die dies erfahren haben, die, so der lateinische Text, in Gott «transformiert» (transformetur) worden sind.

3. Die Beginen

Solche Formulierungen waren gewagt in einer Zeit, die schon die Probleme mystischer Frömmigkeit für die kirchliche Hierarchie kannte. Die enge Verbindung von Bejahung kirchlicher

Hierarchie und mystischer Spiritualität, die Bonaventura ebenso wie Bernhard und Hugo kennzeichnete, war keineswegs mehr selbstverständlich, denn mittlerweile hatte die Beanspruchung unmittelbarer Geistbegabung eine Heimstatt in den unterschiedlichsten Bereichen der Frömmigkeit gefunden. Und nicht nur der Anspruch einiger radikaler Franziskaner, Vertreter eines dritten Zeitalters, des Zeitalters des Geistes nach dem des Vaters und des Sohnes, zu sein, hatte auf die schwierige Kontrollierbarkeit des Geistes hingewiesen, sondern auch eine andere Bewegung, die in manchem der franziskanischen parallel lief, aber nicht wie diese in die geordneten Bahnen der Kirche integriert war: die Beginenbewegung. Seit dem ausgehenden 12. Jahrhundert begegnen in den Quellen immer wieder Frauen, die sich für einen Lebensweg nach Art der Religiosen, also der Ordensangehörigen, entschieden, ohne einem Orden anzugehören. Offenbar überstieg das Bedürfnis nach religioser Lebensführung die Fassungskraft der alten wie der neuen Orden. Frühere romantische Vorstellungen von weiblicher Autarkie haben sich im Blick auf die Beginen ebenso wenig bestätigt wie der Gedanke, es handele sich hier um eine Bewegung, die vor allem die Unterschicht der Städte abschöpfte. Beginen waren oft einigermaßen vermögend. So konnten sie wirtschaftlich selbständig ihr frommes Leben führen. Im Blick auf ihre sakramentale Versorgung blieben sie Priestern zugeordnet.

Gleichwohl wurde diese Bewegung, die man heute wegen ihrer Zwischenstellung zwischen fester monastischer Ordnung und Leben in der Welt als «semireligios» bezeichnet, von Anfang an skeptisch beäugt. Die mangelnde Zuordnung zu einem Orden und das freiwillige Zusammenleben von Frauen auf den sich entwickelnden Beginenhöfen hat schnell Bilder entstehen lassen, die um eine zweifache Angst kreisten: Man warf ihnen sexuelle Ausschweifungen vor und eine von Priestern unabhängige Frömmigkeit. Der letztere Vorwurf ist nicht ganz abwegig, denn in beginischen Kreisen gab es besonders viele mystisch orientierte Schriftstellerinnen. Die Zurückgezogenheit des semireligiosen Lebens und seine Einfachheit bildeten den Nährboden für eine Frömmigkeit, in der sich zudem auswirkte, dass die mystische Bildwelt der westlichen Christenheit in besonderer Weise feminine Züge entwickelt hatte: Das Bild von der Seele als Braut und Christus als Bräutigam schien wohl auch deswegen so passend für die Mystik, weil sich in ihm das Geschlechtsstereotyp von der weiblichen Passivität ausdrückte, die nun, im Verhältnis zu Christus, gerade nicht abgewertet, sondern positiv besetzt wurde. Die damit verbundene Aufwertung eines vermeintlich typisch weiblichen Verhaltensmusters ermöglichte Frauen eine besondere Identifikation, die sich schon früh in der Rezeption Bernhards gerade auch im deutschen Sprachraum niederschlug: Ein erstes Zeugnis seiner Aufnahme in deutscher Sprache ist das St. Trudperter Hohelied, das kurz nach 1160 eine eigenständige Ausprägung Bernhardinischer Mystik in Verse fasste.

4. Mechthild von Magdeburg und Marguerite Porete

Das beste Beispiel dafür, dass mystische Frauenfrömmigkeit im 13. Jahrhundert die Grenzen zwischen Semireligiosentum und Ordensleben zu überschreiten vermochte, ist eine der berühmtesten Schriftstellerinnen des deutschsprachigen Mittelalters: Mechthild von Magdeburg (ca. 1207–ca. 1282). Aus einer adeligen Familie stammend, war sie, wie sie selbst berichtet, seit ihrem zwölften Lebensjahr durch besondere religiöse Empfindsamkeit ausgezeichnet (FLG IV,2) und entschloss sich nach den Worten ihres Beichtvaters, des Dominikaners Heinrich, auf Geheiß Christi für ein Leben in freiwilliger Armut, womit die Existenz als Begine gemeint sein dürfte. Heinrich war es auch, der sie anwies, ihre Visionen niederzuschreiben. Hieraus entstand ein gelehrtes Buch einer seherisch und mystisch begabten Frau. Mechthild teilt ähnlich wie Hildegard ihr Erleben im Rahmen erprobter und bekannter Ausdrucksformen mit. Aber sie geht von der Vision unmittelbar zur innigen Begegnung mit Gott über: «O freudvoller Anblick, o herzlicher Gruß, o liebevolle Umarmung» heißt es in einer Steigerung von der Schau zur Einheit. (FLG I,14)

Dass sie, anders als Hildegard, zu Recht der Geschichte der

Mystik zugerechnet wird und nicht allein der Geschichte christlicher Visionsliteratur, hat auch mit den Quellen zu tun, aus denen sie schöpfte, unter denen Bernhard und Dionysius herausragen. Dessen Einfluss zeigt sich schon im Titel der Sammlung: *Das fließende Licht der Gottheit.* Die Lichtmetaphorik und die neuplatonische Vorstellung von einer Emanation, einem Ausfluss der Gottheit aus sich heraus in die Welt der Schöpfung, kommen hier zusammen und fassen in einer Metapher zusammen, wovon Mechthild berichtet: von dem Gott, der ihr als Lichtgestalt nahe gekommen ist. Dieser Gott, der ihr als Bräutigam begegnet, ist nicht wie bei Bernhard ganz auf Christus konzentriert, sondern von Anfang an malt sie die trinitarischen Bezüge der Gottesbegegnung aus und spricht auch bei der innigsten Begegnung nicht allein von Christus, sondern vom dreieinigen Gott: Die Braut ruht «in der verschlossenen Schatzkammer der heiligen, unteilbaren Dreifaltigkeit». (FLG IV,12) Damit verschiebt sich der Angelpunkt der Deutung gegenüber Bernhard: Hatte für diesen als entscheidende Grundlage mystischer Begegnung mit Gott die Inkarnation Christi gegolten, so ist Mechthild spekulativer, letztlich deutlicher dionysisch-neuplatonisch. Zwar fehlt auch bei ihr der Gedanke nicht, dass Christus um der minnenden Seele Willen Fleisch angenommen hat (FLG IV,1), aber die christliche Heilsgeschichte, in deren Mittelpunkt bei Bernhard das mystische Geschehen gestanden hatte, verliert doch an Bedeutung gegenüber einer Mystik, die gewissermaßen enthistorisiert ist: Entscheidend ist nicht wie bei Bernhard, dass im Hier und Jetzt das seinerzeitige Christusgeschehen zum Ziel kommt, sondern dieses Hier und Jetzt gewinnt für sich selbst Bedeutung. So ist auch die Geburt Christi für Mechthild weniger als historisches Ereignis bedeutend. Sie kommt zwar ausführlich auf die Empfängnis Mariens zu sprechen, aber schildert diese vor allem exemplarisch als ein Brautwerden Mariens, das dem Brautwerden der Mystikerin entspricht: Die Geburt Christi ist nicht nur Beginn und Begründung der mystischen Möglichkeiten, sondern ihr intensivstes Vorbild, das immer neu nachgelebt wird. (FLG I,22) Christi Kreuz ist weniger das heilbegründende Ereignis von Golgotha als mehr die Form äußerster Erniedrigung, die die Braut in 23 Stufen der Erniedrigung und Selbsterniedrigung nachleben soll. (FLG I,29)

Was Mechthild mit Bernhard teilt, ist die weitgehende Erotisierung der religiösen Sprache, die nun aber, aus dem Munde einer Frau, den assoziativen Raum aus geistlicher und leiblicher Begegnung noch dichter werden lässt. War bei Bernhard die metaphorische beziehungsweise allegorische Grundlage einer femininen Selbstidentifikation deutlich und damit alle Leiblichkeit der erotischen Sprache von vornherein vergeistigt und vergeistlicht, so spricht Mechthild in Bildern, deren Direktheit die Bernhards noch übertrifft. Die Begegnung mit dem Bräutigam gestaltet sich im 44. Kapitel des I. Buches geradezu als Verführungsszene:

> Dann geht die Allerliebste zum Allerschönsten in das verborgene Gemach der unschuldigen Gottheit. Da findet sie das Lager der Liebe und die Stätte der Liebe von Gott nicht nach Menschenart bereitet. Da sagt unser Herr: «Bleibt stehen, edle Seele!» «Was gebietest du, Herr?» «Ihr sollt euch ausziehen!» «Herr, was wird dann mit mir geschehen?» «Edle Seele, Ihr seid meiner Natur so innig verbunden, dass gar nichts zwischen Euch und mir sein darf. (...) Darum sollt Ihr Furcht und Scham ablegen und jede äußere Tugend. Vielmehr sollt Ihr allein die (Tugend), die Ihr von Natur aus in Eurem Innern habt, auf ewig fühlen. Das ist Euer edles Verlangen und Euer unendliches Begehren. Diese will ich in Ewigkeit mit meiner unendlichen Gnade stillen.» «Herr, nun bin ich eine nackte Seele und du in dir selbst ein Gott in großer Herrlichkeit. Unser beider Gemeinschaft ist das ewige Leben ohne Tod.» Darauf tritt da eine selige Stille ein, wie es beide wollen. Er schenkt sich ihr, und sie schenkt sich ihm. Was ihr jetzt geschieht, das weiß sie – und dies ist mein Trost. Nun kann dies nicht lange währen; wo zwei Liebende heimlich zusammenkommen, müssen sie immer wieder auseinandergehen, ohne sich doch zu trennen. (FLG I,44)

Eine Szene heimlicher Liebe von körperlicher Intensität: Kaum verborgen scheint dies durch einen mystisch-geistlichen Text hindurch. Beginische mystische Frömmigkeit stellte zwar das geistliche Geschehen in den Mittelpunkt, trennte es aber nicht von der Leiblichkeit. Aus späteren Zeiten sind Berichte aus beginischen und ehemals beginischen Gemeinschaften erhalten, in denen sich eine ekstatische Atmosphäre niederschlägt, die sich nicht unmittelbar auf Mechthild zurückprojizieren lässt, aber jedenfalls seit dem ausgehenden 13. Jahrhundert Frömmigkeit in weiblichen religiosen und semireligiosen Gemeinschaften prägte. Immer wieder wird hier der sogenannte Jubilus benannt, ein Jubelschrei, in den eine Mystikerin aufgrund der intensiven Gottes- und Christusbegegnung ausbricht; es erscheinen körperliche Reaktionen wie das Glänzen des Gesichts oder sogar die Schwerelosigkeit von Frauen, die in ihrer mystischen Entzückung über dem Boden schweben.

Es ist überdeutlich, dass auch die geistliche Erfahrung, von der Mechthild spricht, nicht einfach unkörperlich ist: Die christliche Liebe verheißt der Seele Größe, so steht es zu Beginn des zweiten Buches, und die Taufe verheißt dem Leib Schmuck (FLG II,1), und das Ruhen auf der Brust Jesu Christi in Nachfolge des Lieblingsjüngers Johannes führt dazu, dass ihr «Leib fast von sich selbst nichts mehr wusste» (FLG II,63): Solche Bilder begegnen schon in der östlichen Tradition der Spätantike, dringen nun aber mit großer Macht in das mystische Gespräch des Westens ein, betten den spiritualisierten Diskurs des 12. Jahrhunderts in eine erweiterte Erfahrungswelt ein. Die Leserinnen Mechthilds konnten ihre in leibhaften Beschreibungen übermittelten geistlichen Erfahrungen sehr körperlich umsetzen. Die intensiven Schilderungen sind nicht nur der Erfahrungsbericht einer individuell ausersehenen, besonders begnadeten Mystikerin. Sie sind im mystagogischen Sinne auch Anleitungen zur Nachahmung. Nicht allein die erwähnten 23 Stufen des Kreuzes deuten an, dass hier auch eine gewisse Schematisierung leitend ist, sondern auch andere Textstücke der sehr disparaten Sammlung, die in ihrem ursprünglichen Sinnzusammenhang wohl als Anweisungen Gottes an Mechthild selbst zu deuten sind, in ihrem imperativischen Charakter aber an eventuelle Nachahmerinnen appellieren:

> Du sollst das Nichts lieben, du sollst das Etwas fliehen, du sollst für dich sein und sollst dich an niemanden wenden, du sollst unermüdlich tätig sein und doch von allen Dingen frei, du sollst die Gefangenen losbinden und die Selbstherrlichen bändigen, du sollst die Kranken erquicken und selbst doch nichts besitzen, du sollst das Wasser der Pein trinken und das Feuer der Liebe mit dem Holz der Tugenden entzünden! So bist du in der wahren Wüste zu Hause,

heißt es im 35. Kapitel des 1. Buches. Das Loslassen alles Irdischen, beschrieben als Weg in die Wüste, ist hiernach gerade nicht auf den Rückzug in die Innerlichkeit beschränkt, wie er in der zisterziensischen Frömmigkeit eines Bernhard in der realen Einöde lebbar war und wie ihn trotz seiner franziskanischen Einbindung letztlich auch Bonaventura vertreten hat.

Mechthild bindet den neuen städtischen Kontext der Frömmigkeit auch in ihre mystischen Lehren ein. Ihre Botschaft zielt nicht allein auf die Entsagung vom Ich, sondern auf die Zuwendung zum Nächsten. Die Mahnung zur Fürsorge für Kranke und Gefangene verweist auf die Werke der Barmherzigkeit, die die christliche Tradition aus der Rede vom Großen Gericht im 25. Kapitel des Matthäus-Evangeliums entwickelt hat, in der Jesus das Gerichtsurteil nach den Taten von barmherzigen Menschen spricht: Maßstab ist, was sie ihren Nächsten getan haben, weil die Tat am «Geringsten unter den Brüdern» letztlich eine Tat an Jesus selbst ist. Das christliche Doppelgebot der Liebe, Gott und den Nächsten zu lieben, wird hier auch im mystischen Kontext konkret. Bernhards Vorstellung, dass Christus durch die Inkarnation sichtbar geworden sei, findet sich in einer noch intensiveren Variante, insofern Christus nicht allein am historischen Ort präsent – und damit von den Gegenwärtigen fern – gedacht wird, sondern in der Gegenwart in den Gefangenen, Kranken, Hungernden und Dürstenden. Der oben beschriebenen radikalen Wendung von der Heilsgeschichte in die Gegenwart entspricht bei Mechthild eine bewusste Hinwendung zur gegenwärtigen christlichen Gesellschaft mit den Problemen, die die Städte mit sich gebracht hatten: Mystische Frömmigkeit entzieht sich der Welt nur, insofern diese der Begegnung mit Gott im Wege steht, nicht aber dort, wo das Handeln in und an der Welt zur Begegnung mit Christus hinführt. Sie ist damit gerade als Ruf aus der Welt heraus auch ein Ruf in die Aufgaben der Welt hinein – und sie ist gerade darin Erfüllung aller Heiligkeit. Als Beispiel schildert Mechthild, dass ihre verstorbene Schwester Hildegund im Himmel wie eine Märtyrerin gekrönt und als Vorbild gepriesen wird (FLG II,20). In eigenartiger Ambivalenz schwingt hier das Bewusstsein gemeinsamer Erfahrungen im Konvent zusammen mit der Vorstellung, eben diese Konventsmitglieder seien wegen ihrer guten Werke im Angesicht Gottes gegenüber den der Welt zugewandten Menschen hervorgehoben, die dem Teufel anheim fallen (FLG III,24): Der Vorgeschmack des Jenseits, den die Mystikerin erfährt, ist zugleich auch schon eine Etappe auf dem Weg zu dieser unmittelbar nach dem Tod zu erlangenden Seligkeit: Mechthild lebt offenbar in dem Bewusstsein, dass die, mit denen sie ihr Leben und ihre visionäre und mystische Begabung teilt, bestimmt sind, von Gott als Heilige anerkannt zu werden, und sich dieser Bestimmung Schritt für Schritt in ihrem Leben annähern (FLG IV,25). Das Bewusstsein, erwählt zu sein, unterscheidet die mystisch bewegten Frauen in ihrer unmittelbaren Erwartung des Paradieses nach dem Tod selbst von untadeligen Priestern, die im Jenseits noch auf die Herrlichkeit vorbereitet werden müssen (FLG V,15). Das bringt Mechthild denn auch zu gewagten Beschreibungen einer himmlischen Eucharistiefeier (FLG II,4), die die diesseitige, priesterliche Eucharistie überbietet und an der sie, an den Amtsträgern vorbei, schon Anteil hat. Ja, die Nähe zu Christus kann sogar so weit gehen, dass sie in einer Situation, in der sie nicht zur Messe gehen kann, von Christus selbst den Zuspruch der Nähe erfährt, der sie über diese Situation hinwegtröstet (FLG III,5) und damit letztlich die Notwendigkeit sakramentaler Heilsvermittlung an die Gläubigen gegenüber der mystischen Begegnung relativiert. Zwar bemüht Mechthild sich offenkundig um dogmatisch-kirchliche Korrektheit; so berichtet sie, dass sie vor Empfang der himmlischen Eucharistie beichten muss, und an anderen Stellen erwähnt sie durchaus die Eucharistie als hervorgehobenen Ort auch der mystischen Gottesbegegnung (FLG IV,8). Und doch wird bei dieser christlichen

Schriftstellerin, die von sich sagt, sie habe in der Schau «priesterliche Weisheit und die christliche Lehre» erblickt (FLG IV,3), deutlich die Grenze zur Häresie gestreift, deren Übertreten in den folgenden Jahren vielen Beginen zum Vorwurf gemacht wurde.

Ob das Erreichen dieser Grenze, die sie nicht überschreiten wollte, Grund dafür war, dass Mechthild ihre letzten Lebensjahre statt in dem ungeklärten Beginenstand als Bewohnerin des Zisterzienserinnenklosters Helfta verbrachte, ist nicht ganz geklärt. Jedenfalls kam sie hier in eine Atmosphäre weiblicher Bildung und Spiritualität, in die ihre Botschaften ebenso passten wie in den beginischen Kontext. In dem dort geschriebenen siebten Buch des *Fließenden Lichts der Gottheit* wird jedoch deutlich, dass nun der regulierte Alltag eines Klosters bestimmend für ihre Frömmigkeit wurde. Im Kloster traf sie mit der Äbtissin Gertrud von Hackeborn (geb. 1232, Äbtissin seit 1250, gest. 1291) und der später «die Große» genannten Gertrud Gesinnungsgefährtinnen an, die auf den von Mechthild geebneten Bahnen schriftstellerisch tätig wurden und deren Werke, vielleicht auch weil ihnen die letzte Schärfe Mechthilds fehlte, sogar eine größere Verbreitung erfuhren als das Hauptwerk ihrer geistlichen Lehrmeisterin, die zu einem nicht genauer bekannten Zeitpunkt im ausgehenden 13. Jahrhundert hochbetagt und erblindet in Helfta starb.

Auch wenn sie ihr Leben in der Obhut eines Zisterzienserinnenklosters beendete und sich damit gewissermaßen zur standesgemäßen Frömmigkeitsform einer Adeligen zurückbewegte, ist Mechthilds Werk doch primär Ausdruck jener beginischen Frömmigkeit, die im 13. und 14. Jahrhundert europaweit zur Blüte gelangte. Neben der in Antwerpen wirkenden Hadewijch ist hier, mit einer gewissen Verspätung, auch die englische Frömmigkeit zu nennen, die vor allem in Julian von Norwich (ca. 1342–nach 1416) eine herausragende Repräsentantin fand.

Ein Werk, das an Gelehrsamkeit und Eigenständigkeit mit dem Mechthilds zu vergleichen ist, hat aber vor allem Marguerite Porete in mittelfranzösischer Sprache hinterlassen: den *Miroir des simples âmes*, den *Spiegel der einfachen Seelen*. Das

Werk hat den Charakter eines dialogischen Anleitungsbuches für den Weg der Seele zu Gott: Die Seelenteile geraten in ein Gespräch miteinander, das immer wieder aufs Neue um den Gedanken kreist, dass die Seele von allem loslassen soll und muss, das sie an ihre äußere Existenz bindet. Geradezu provokativ wird dabei immer wieder die Vernunft überboten, «die nur das Grobe begreift und das Subtile beiseite lässt» (Kap. 8; CChr.CM 69,28,3 f.), weswegen sie beispielsweise nicht begreift, dass eine Seele, die zum Höchsten aufsteigen will, auch alle irdischen Tugenden hinter sich lassen muss: nicht weil sie untugendhaft würde, sondern weil selbst noch diese Tugenden einer Welt der Unterscheidungen angehören, die angesichts der höchsten Gottesbegegnung als vorläufig und für diesen Weg störend erscheinen muss. Porete steigert die mystische Sprache zu Paradoxien, in denen die Einfachheit der Seele gerade darin besteht, dass diese Seele zunichte gemacht wurde: Alles Eigene ist aufgegeben in der wahren Liebe Gottes. Dass die vernunftskeptische Begine Marguerite Porete über ein beeindruckendes Maß an Bildung verfügt, macht eine gelehrte Anspielung deutlich: in ihrer liebesmystischen Konzeption greift sie das berühmte Zitat Augustins «Liebe und tu, was du willst» (Kap. 13; CChr.CM 69,56, 52) auf, das bei diesem dazu auffordern sollte, sich gegen eine an äußeren Normen orientierte Ethik zu verwahren, bei Porete aber zum Appell für eine Vorrangstellung der Liebe vor allen anderen Tugenden und Regungen wird.

Dieses gewitzt gesetzte Zitat allein hätte die kirchlichen Behörden aber wohl nicht skeptisch gemacht. Viel schwerer wog, dass Porete die Folgerungen hieraus in einer Weise zuspitzte, dass ihre Formulierungen als Angriff auf jede moralische Ordnung erscheinen mussten:

> In die Dreieinigkeit hat diese Seele ihren nackten Willen eingepflanzt, so daß sie nicht sündigen kann, wenn sie sich nicht daraus ausreißt. Sie hat nicht die Möglichkeit zu sündigen: ohne Willen nämlich kann niemand sündigen. Nun braucht sie sich vor Sünde nicht zu hüten, so lange sie ihren Willen da läßt, wo er fest gründet, das ist in demjenigen, der ihn ihr in seiner freien Güte gegeben hatte. (Kap. 89; CChr.CM 69,252,4–9)

Gemeint war damit, dass die Aufhebung des Eigenwillens und die völlige Leitung durch Gott Sündlosigkeit mit sich brachten, was innerhalb dieses Denkens ganz konsequent war: Wo das Willenszentrum ganz in Gott lag, wäre es ja geradezu zur Blasphemie geworden, noch von Sünde zu sprechen. Aber wenn man diesen gesamten Kontext nicht konsequent mitbedachte, drohte Marguerites eigene Aussage blasphemisch zu werden. Die schwierige Unterscheidung zwischen Gott und der Seele als Subjekt konnte auch so verstanden werden, als sei es der Mensch selbst, der sündlos sei. In der Konsequenz aber, das haben ihre Gegner rasch gespürt, bedeutete das eine wie das andere, dass die mystisch bewegte Begine und alle, die sich von ihrem Anleitungsbuch führen ließen, mit den üblichen moralischen Kategorien nicht mehr zu fassen waren. Dass sie ihr Buch mit Hinweisen auf die Gebote der Kirche begann, dass sie gerade die Eucharistie in höchsten Tönen lobte, half ihr nichts: Der Bischof von Cambrai ließ ihr Werk um 1300 in Valenciennes öffentlich verbrennen. Aber hiervon ließ Marguerite sich in ihren Überzeugungen nicht irre machen. Sie beharrte auf dem, was sie geschrieben hatte, und verbreitete den *Spiegel* – offenbar in einer der Verbrennung entgangenen Fassung – weiter. So wurde sie 1307 erneut vor die Inquisition gezogen und, als sie den Widerruf verweigerte, am 1. Juni 1310 in Paris dem Scheiterhaufen übergeben.

5. Meister Eckhart und die Oberrheinische Mystik

Marguerites Verbrennung war nur der Auftakt für eine Phase der Beginenangst und -hatz: Im folgenden Jahr wurde auf dem Konzil von Vienne eine Liste von Irrtümern verurteilt, die man Beginen vorwarf, gipfelnd in der Unterstellung, die mit mystischer Einung Begnadeten unterwärfen sich keiner menschlichen Leitung und keinem kirchlichen Gebot mehr. Auch wenn die Folgen dieses Konzilsdekrets für die Beginen nicht so drastisch waren, wie man früher meinte, so wurde damit doch deutlich, dass man die Frömmigkeit mystischer Art, wie sie sich in beginischen Kreisen gehäuft fand, für eine Gefahr hielt, der zu begegnen war. Nur vor diesem Hintergrund ist auch das Wirken des wohl bedeutendsten und bekanntesten Mystikers des Mittelalters, Meister Eckhart (ca. 1260–1328) aus Hochheim in Thüringen, zu verstehen.

Nach einer langen Zeit im Dominikanerkloster Erfurt, dessen Prior er war, hatte er 1302/03 und noch einmal 1311–1313, kurz nach dem Prozess gegen Marguerite Porete, als akademischer Lehrer in Paris gewirkt. Nicht nur diese zeitliche Nähe, sondern auch sprachliche Auffälligkeiten haben in der jüngeren Forschung die Vermutung aufkommen lassen, dass Eckhart das Werk Marguerites nicht nur kannte, sondern auch schätzte und implizit zitierte. Selbst wenn sich dies nicht bestätigen lassen sollte, zeigt sich doch, dass gerade mystische Theologie einen Bereich mittelalterlicher religiöser Literatur darstellte, in dem die Vermittlungswege keineswegs einseitig von Männern zu Frauen führten. Für Eckhart ist die Bedeutung der beginischen Frömmigkeit in der Tat gar nicht hoch genug zu veranschlagen. Seine Hauptaufgabe bestand nach dem zweiten Pariser Magistrat in der *cura monialium*, der Seelsorge an Dominikanerinnen, die vielfach als vormalige Beginen in den Orden Eckharts integriert worden waren. Eckhart beriet sie, predigte für sie und versuchte zugleich, sachte Übertreibungen, die in diesen Kreisen beobachtet wurden, zu kontrollieren. So teilte er ihre Sprache, ohne sich ganz mit ihnen zu identifizieren. Die gegenseitige Beeinflussung macht es unmöglich, Eckharts Predigten ohne ihre Ausrichtung an diesen Adressatinnen zu verstehen.

Marguerite Porete und Meister Eckhart waren in ein Kommunikationsnetz unterschiedlicher Volkssprachen und auch des Lateinischen eingebunden, das die gängige Vorstellung von einer «Deutschen Mystik», für die dann in der Regel neben Meister Eckhart Johannes Tauler (ca. 1300–1361) und Heinrich Seuse (ca. 1295/7–1366) stehen, höchst fragwürdig macht. Man muss also weder auf die obsoleten völkerpsychologischen Aspekte verweisen, die mit diesem Konzept seit seiner Entstehung im 19. Jahrhundert verbunden sind, noch auf seinen Missbrauch im Dritten Reich, als Alfred Rosenberg Meister

Eckhart zur Idealgestalt seines nationalsozialistischen Entwurfs eines *Mythus des 20. Jahrhunderts* machte, um sich von dem Begriff der «Deutschen Mystik» zu verabschieden. Für die Gruppe um Eckhart sollte in Anlehnung an die französische Forschung besser der Begriff der «Oberrheinischen Mystik» gebraucht werden.

Aber nicht nur der Begriff einer «Deutschen Mystik» ist umstritten, sondern auch die Zuordnung Eckharts zur Mystik überhaupt. Vor allem der Philosophiehistoriker Kurt Flasch hat geist- und kenntnisreich dafür votiert, auf diesen Begriff für Eckhart zu verzichten, und dabei vor allem Wert auf den philosophiehistorischen Hintergrund Eckharts gelegt. In der Tat gehörte Eckhart zu den bedeutendsten scholastischen Gelehrten seiner Zeit. Wie oben erwähnt, hat er zweimal den nichtfranzösischen Dominikanern vorbehaltenen Lehrstuhl in Paris innegehabt und in diesem Zusammenhang mehrere akademische Schriften verfasst, die von seinem Ringen um ein philosophisch und theologisch angemessenes Verständnis Gottes zeugen. Seine Position war dabei zu guten Teilen von einer Renaissance des Neuplatonismus im ausgehenden 13. Jahrhundert beeinflusst. Es wurde intensiv über die arabischen Philosophen diskutiert, denen man die Neuentdeckung eines Großteils des Werkes des Aristoteles verdankte: Averroes (1126–1198) und Avicenna (ca. 980–1037). Insbesondere Letzterer hat eine ausgeformte neuplatonische Philosophie hinterlassen, und Averroes hatte Aristoteles in einer neuplatonischen Weise gelesen, die zwar durch Auseinandersetzungen im Pariser akademischen Milieu auch mit dem Geruch der Häresie versehen war, aber junge Gelehrte sehr faszinierte. Eine solche Hinwendung zum Neuplatonismus findet sich auch im unmittelbaren Umfeld Eckharts, bei einem Dominikaner, dem er zeitweise in der Verwaltung der Provinz Teutonia unmittelbar als Stellvertreter zugeordnet war: Dietrich von Freiberg (ca. 1250–ca.1310). Aus seinen wenigen erhaltenen Schriften wird deutlich, dass ihn besonders die Frage nach der Universalität des Intellekts bewegte, die von den Arabern aufgeworfen worden war. Vor allem Averroes hatte Aristoteles so verstanden, dass letztlich jede einzelne menschliche Vernunftseele nur der einzelne Ausdruck einer überindividuellen Vernunftseele sei, hatte also die Allgemeingültigkeit der Vernunft durch Aufhebung der Individualität der Seele erklärt.

Eckhart knüpfte an diese Diskussion an, gab ihr aber eine theologische Wendung, indem er nicht über die Seele oder die Seelen der Menschen sprach, sondern über die Seele Gottes. Schon aus seinem ersten Pariser Aufenthalt 1302/03 stammt eine Reihe von kleineren Abhandlungen, die *Pariser Quästionen*, in denen Eckhart die scheinbar hochabstrakte Frage behandelte, ob Gott verstehe, weil er sei, oder ob er sei, weil er verstehe. Hintergrund war sein Bemühen, das er mit zahlreichen Zeitgenossen aus dem Dominikaner- wie Franziskanerorden teilte, das Gottesverständnis vor der Gefahr einer statischen Seins-Ontologie zu bewahren und in größerer Dynamik zu sehen. Damit aber waren für ihn noch nicht alle Fragen gelöst, und kaum nach Erfurt zurückgekehrt und mit dem Amt eines Ordensprovinzials ausgestattet, setzte er sich aufs Neue an die Ausarbeitung einer grundlegenden Schrift zur Theologie, des *Opus tripartitum*, des dreigeteilten Werkes, das ein *Opus propositionum* (Werk der Aussagen), ein *Opus quaestionum* (Werk der Fragen) und ein *Opus Expositionum* (Werk der Auslegungen) enthalten sollte. Neben dem Prolog ist nur dieser letzte Teil erhalten, der Auslegungen des Ersten Buches Mose und des Johannesevangeliums enthält. Auch hier greift er noch einmal die Frage nach dem Sein Gottes auf, aber in ganz anderer Weise als in den früheren *Pariser Quästionen*: Nun steht gerade die Aussage, dass Gott ist, im Zentrum, die er zuvor ja auch nicht bestritten, wohl aber relativiert hatte. Und dieses Sein kommt nun so radikal Gott zu, dass ihm gegenüber die gesamte Schöpfung kein eigenes Sein hat, sondern nur in Gott ein Sein hat: Die gesamte Welt und in ihr der Mensch wird in radikaler Abhängigkeit von Gott gedacht. Das radikalisiert neuplatonische Denkvorstellungen, indem nun nicht mehr wie bei diesen von einer Hierarchie des Seins ausgegangen wird, die Gott zum eigentlichen Sein und damit zugleich zum Ursprung aller anderen Seienden macht, sondern alles von Gott abhängige Sein als uneigentlich gedacht wird. Aber wie schon bei Dionysius sind solche philosophischen Deutungen ganz darauf bezogen, mystisches Denken möglich zu machen, so dass es falsch wäre, hier einen Gegensatz zwischen Philosophie und Mystik zu konstruieren, zumal Eckhart diese Gedanken gleichzeitig mit der Abfassung seiner deutschen mystischen Predigten entwickelt hat. Bezieht man die allgemeinen Aussagen über die Schöpfung auf den Menschen, so wird deutlich, dass dieser im eigentlichen Sinne kein eigenes Sein hat, sondern sein Sein in Gott liegt, dass er also, wenn er sich ganz Gott zuwendet, ganz zu seinem eigenen Sein zurückkehrt. Was wie eine Grenze zwischen menschlichem und göttlichem Sein erscheint, ist keine wirkliche Grenze, sondern eine Verkennung dieser völligen Verankerung des Menschen in Gott. Der mystische Weg aber hilft ihm, zu diesem Ursprung zurückzukehren.

Was Eckhart in seinen akademischen Schriften abstrakt darlegt, hat in seinen Predigten eine eigene Bildwelt gefunden: Im Menschen gibt es ein Seelenfünklein, einen innersten, mit der von Dionysius herrührenden Lichtmetaphorik beschreibbaren Kern, der zugleich das Wesen des Menschen und seine Berührung mit Gott ausmacht. Eckhart knüpft damit an eine schon in der antiken Kirche verbreitete Begrifflichkeit an und macht sie zum Angelpunkt seiner mystischen Predigten, die den Weg zu diesem Seelenfünklein als einen Weg ins Innere und zu Gott zugleich beschreiben. Dieses Seelenfünklein ist für Eckhart Ausdruck der in der Schöpfung angelegten Gottebenbildlichkeit des Menschen (*Traktat vom edeln Menschen*; DW 5,113,1 f.): Der Gott, der nach Genesis 1,26 f. erklärte, er wolle Menschen nach seinem Bilde machen, hat in der obersten Seelenregion des Menschen ein solches Abbild hinterlassen, das nur für den Menschen, der am Äußeren hängt, verdunkelt ist. Daher muss zu der statischen Vorstellung eines im Menschen immer schon vorhandenen Fünkleins oder Grundes – die Ausdrücke, die Eckhart verwendet, wechseln – eine dynamische Vorstellung kommen: die Sohnesgeburt in der Seele. Es liegt nahe, in ein Verständnis dieses Bildes mit einzubeziehen, dass die Adressatinnen der Predigten Eckharts Frauen waren, die sich für einen Weg als Religiose entschieden hatten. Die Bildwelt einer Geburt bezieht die weibliche Körperlichkeit in die geistliche Deutung ein, und zugleich die soziale Realität dieser Frauen, die sich für ein asketisches Leben ohne Sexualität entschieden hatten und nun von einer Geburt hörten, die sich durch eine Jungfrau ereignet hatte und gerade wegen ihres geistlichen Charakters auch bei Maria ohne jeden körperlichen Aspekt der Sexualität ereignen kann (*Pr.* 2; DW 1,24,7–25,2). Allerdings isoliert Eckhart diese Vorstellung nun wiederum nicht auf einen besonderen Stand, sondern die Jungfrau, von der er hier spricht, ist spirituell zu verstehen: Jungfrau ist, wer frei von allen bildlichen Vorstellungen ist, so wie auch das wichtigste Ideal seines eigenen Ordens, die Armut, spirituell zu verstehen ist: «Das ist ein armer Mensch, der nichts will und nichts weiß und nichts hat.» (*Pr.* 52; DW 2,488,5 f.) Aber der Assoziationsraum, der hier eröffnet wird, setzt doch die Bedeutung femininer Bildwelten fort, die sich schon in der Brautmystik eines Bernhard gezeigt hat. Sie dient nun dazu, in einem einzigen Moment die gesamte Heilsgeschichte in das Individuum hineinzuholen: Das Grundereignis der christlichen Heilsgeschichte ereignet sich immer neu im einzelnen Menschen, die Geburt des Sohnes findet neu in der einzelnen Seele statt – und ist zugleich Rückkehr zu deren Grund und Ursprung. Wie für Mechthild von Magdeburg hatte für Eckhart die historische Christologie, die Heilsgeschichte, nur eine geringe Bedeutung. Auch wenn die Predigtaufgabe ihn immer wieder dazu brachte, über die Ereignisse der Heilsgeschichte zu reflektieren, so nutzte er dies doch im Allgemeinen dazu, die Heilsgeschichte in die individuelle Geschichte des Menschen mit Gott zu übersetzen. So wenig wie Mechthild leugnet er die heilsgeschichtlichen Ereignisse, aber das Ziel seiner Botschaft ist das jetzt und hier immer neu Geschehende. Wichtig ist dieses «immer neu»: Eckhart spricht von einer unaufhörlichen Geburt Gottes in der Seele – und doch handelt es sich um einen Vorgang, der stets neu erfolgen muss. Man wird bei der Interpretation von Eckharts Äußerungen nicht zu viel Kohärenz erwarten dürfen: Erhalten sind Predigten, die zu unterschiedlichen Zeiten und an unterschiedlichen Orten gehalten wurden und sich heute oft nur noch schwer einem konkreten Kontext zuordnen lassen.

Eckhart wechselte zwischen den Bildern, derer er sich bediente. So konnte er selbst generös sagen, dass er die innere Kraft des Menschen mal Licht und mal «vünkelîn» genannt habe (*Pr.* 2; DW 1,39,2–4), und an anderen Stellen dasselbe Phänomen als Grund beschreiben. Auch die Gottesgeburt kann einerseits das immer neue Geschehen sein, andererseits ein einmaliges Geschehen, je nachdem, ob er die Erreichbarkeit in jeder Situation betonen will oder die Besonderheit. Ein Theologe, der situativ eingebunden in unterschiedlichen Metaphern spricht, kann nicht wie ein moderner philosophischer oder theologischer Systematiker interpretiert werden – wenngleich es in seinen Predigten nach seinem eigenen Bekenntnis eine durchgängige Grundstruktur gibt:

> Wenn ich predige, so pflege ich zu sprechen von Abgeschiedenheit und dass der Mensch ledig werden soll seiner selbst und aller Dinge. Zum zweiten, dass man wieder eingebildet werden soll in das einfaltige Gut, das Gott ist. Zum dritten, dass man des großen Adels gedenken soll, den Gott in die Seele gelegt hat, auf das der Mensch damit auf wunderbare Weise zu Gott komme. Zum vierten von der Lauterkeit göttlicher Natur – welcher Glanz in göttlicher Natur sei, das ist unaussprechlich. (*Pr.* 53; DW 2,528,5–529,2)

So erläutert Eckhart geradezu programmatisch zu Beginn einer Predigt. In dieser Struktur bildet sich ein Aufstieg ab, der neuplatonischen Vorstellungen entspricht: Mit der Abwendung von allen Dingen fängt die Entwicklung an. Hier liegt wohl in einer für Eckhart ganz charakteristischen Weise die Entsprechung zur *purgatio*, zur Reinigung, vor, ohne dass man das oben angeführte Schema überstrapazieren dürfte, denn nicht nur, dass Eckhart hier vier Themen anspricht, entzieht sich einer einfachen Gleichung mit dem Dreischritt von Reinigung, Erleuchtung und *unio*, sondern auch die Tatsache, dass er das mit dem traditionellen Dreischritt Gemeinte in einer ganz eigenen, aus dem Gesamtzusammenhang seines theologischen Denkens gewonnenen Begrifflichkeit formuliert: Das zweite Thema, das zugleich unverkennbar eine zweite Stufe ist, ist bei ihm die Einbildung in Gott. Entscheidend ist hierbei, dass der Mensch, der sich von allem löst, nicht zu etwas oder jemand Neuem wird, sondern dass er zu seinem Ursprung zurückkehrt; er legt nur frei, was in ihm ist. Das ist der Grund, weshalb Eckhart erst an dieser Stelle von dem eben schon behandelten Fünklein, Licht oder Grund in der Seele spricht. Es ist zwar immer schon von der Schöpfung her da, könnte daher logisch an den Anfang gehören, aber es liegt doch erst frei, wenn der Mensch so weit emporgestiegen ist, dass es nicht mehr durch anderes verstellt ist. Und erst auf der höchsten Stufe kann von Gott selbst gesprochen werden. Auch dies scheint die normalen Gesetze des theologischen Denkens umzukehren, sollte Theologie doch eigentlich immer bei Gott anfangen und erst von hier aus den Menschen in den Blick nehmen. Eckhart geht jedoch den umgekehrten Weg, der über die Reinigung und den Weg nach innen zu Gott führt und ihn letztlich erst erkennbar macht. Man wird auch hier unterschiedliche Akzentuierungen Eckharts nicht gegeneinander ausspielen dürfen: Selbstverständlich war das, worüber er sprach und predigte, der biblische Text, der dem Menschen vorgegeben ist und ihm die Rede über Gott ermöglicht und erlaubt; und doch ist die wahre Gotteserkenntnis einem Menschen eben erst dann möglich, wenn er selbst rein genug ist, um diesen reinen, klaren Gott zu erkennen: Wenn das Seelenfünklein als Licht im Innern strahlen kann, dann kann auch Licht auf Gott selbst fallen.

Um so mehr kommt es auf die Anfänge dieses Weges, auf die Reinigung, an, an deren Ende erst die volle Gotteserkenntnis stehen kann. Eckhart hat zur Beschreibung dessen, worum es hier geht, Worte in die deutsche Sprache eingeführt, die bis heute, mit geänderter Bedeutung zum allgemeinen Wortschatz gehören: Gelassenheit und Abgeschiedenheit. Gelassenheit ist ganz wörtlich zu verstehen. Eckhart denkt an das Lassen von allem: das Lassen von Irdischem, das Lassen von allen eigenen Ansprüchen. Mit der Abgeschiedenheit meint er einen vergleichbaren Vorgang des Sich-Zurückziehens von «allen Dingen», wie es im obigen Zitat heißt, also von allem Äußerem. Beide Begriffe besagen, dass der Mensch, der sich auf den Weg zu Gott machen will, sich lösen muss von allem, was ihn hieran hindert.

Was den Menschen an der unmittelbaren Hinwendung zu Gott hindert, ist alles Geschöpflich-Kreatürliche und im Hinblick auf die Seele jedes Bild: Der Mensch muss noch die Bilder von den Dingen verlieren, um nicht an ihnen zu hängen. Hier macht sich Eckhart neuplatonische Erkenntnisvorstellungen von Abbildern der Wirklichkeit, die mit dem Abgebildeten eine Verbindung herstellen, zunutze, aber er bettet sie in seine monastische Existenz beziehungsweise in die semireligiose Existenz der meisten seiner Adressatinnen ein: Der Weg zu dieser Abgeschiedenheit und Gelassenheit führt ganz im Sinne monastischer Tugenden über Demut und Leiden (*Traktat von abgescheidenheit*; DW 5,433,1–9). Das sind asketische Lebensformen, deren Bedeutung man auch bei einem philosophisch so reflektierten Kopf wie Eckhart nicht unterschätzen sollte. Immerhin war Eckhart selbst Dominikaner und gehörte einem Bettelorden an. Er bestätigt nicht nur die monastischen Tugenden, sondern überbietet sie sogar: Abgeschiedenheit ist mehr als Demut, mehr sogar als Liebe, die in der christlichen Tradition als die höchste aller Tugenden gepriesen wird (*Traktat von abgescheidenheit*; DW 5,402–410), denn die Abgeschiedenheit ist als einzige Tugend nicht auf die Geschöpfe ausgerichtet, sondern von ihnen losgelöst (*Traktat von abgescheidenheit*; DW 5,401,6 f.). Das schließt auch und gerade ein, dass der Wille des Menschen nicht mehr auf sich selbst ausgerichtet ist. Liest man Eckhart vor dem Hintergrund der augustinischen Sündentheologie, so sind all diese Umschreibungen auch eine Weise, mit dem von Augustin geprägten Begriff von der Erbsünde als der totalen Selbstbezüglichkeit, der Selbstverkrümmung (*incurvatio in se*), umzugehen: Insofern diese Selbstbezüglichkeit eine Abwendung von Gott ist, liegt es geradezu auf der Hand, dass die Befreiung aus dieser Selbstverkrümmung den Menschen dafür öffnet, von Gott angesprochen werden zu können.

Wollte man allerdings hieraus folgern, bei der Abgeschiedenheit und Gelassenheit gehe es um eine Tugend, die ganz auf Gott ausgerichtet sei, so wäre selbst dies noch unzureichend: Ausdrücklich und provozierend erklärt Eckhart in einer Predigt, in der er das Ideal der Armut im Sinne seiner Vorstellungen von

Abgeschiedenheit und Gelassenheit ausdeutet: «Solange der Mensch dies noch an sich hat, dass es sein Wille ist, den allerliebsten Willen Gottes erfüllen zu wollen, so hat ein solcher Mensch nicht die Armut, von der wir sprechen wollen» (*Pr. 52*; DW 2,491,4–6). Selbst noch mit Gott eines Willens sein zu wollen, ist als Ausdruck von Willen eine Ausrichtung und damit gerade nicht ein Loslassen. Worauf es ankommt, kann nur negativ ausgesagt werden: nicht die Hinwendung zu etwas, sondern die Abwendung von Störendem. Der mystische Weg führt zu Gott, indem er fort von der Kreatur führt – und dann kommt es zum mystischen Umschlagspunkt, der charakteristisch für die Botschaft Eckharts und der Oberrheinischen Mystik ist: «Leer sein aller Kreatur ist Gottes voll sein, und voll sein aller Kreatur ist Gottes leer sein.» (*Traktat von abgescheidenheit*; DW 5,413,3 f.) Der Mensch muss gewissermaßen in seinem Innern Platz schaffen für Gott – dann kommt Gott in ihn hinein. Dieser Zusammenhang ist für Eckhart, das macht eine weitere Provokation aus, geradezu zwingend: «Wenn sich der Mensch demütigt, kann Gott in seiner ihm eigenen Güte sich nicht enthalten, sich in den demütigen Menschen zu senken und zu gießen» (*Pr.* 22; DW 1,385,8 f.), die Leere des Menschen zwingt Gott geradezu, den Menschen zu lieben. Dies sagt derselbe Eckhart, der in seinen *Pariser Quästionen* die Dynamik Gottes und damit auch seine Freiheit so betont hatte. Es scheint, als wolle er den freien und souveränen Gott in Abhängigkeit vom Menschen bringen, als könnte der Mensch, der nur fleißig jenen asketischen Weg geht, sich Gott herbeizwingen. Aber eben eine solche Beschreibung übersieht den paradoxen Charakter des Vorgangs: Es ist ja nicht mehr der Mensch, der zwingt, sondern erst, wenn der Mensch sich selbst aufgegeben hat, ergibt sich der Zwang: Wenn tatsächlich im Menschen ein Funken angelegt ist, der ihn mit Gott verbindet, dann ist diese Verbindung selbstverständlich in dem Moment wieder da, in dem auch dieses Fünklein freigelegt ist. Dies ist nicht mehr Handeln des Menschen, sondern es ist die Gnade Gottes, die dies bewirkt (*Pr. 103*; DW 4/1,476,20–23) in einem Bereich, in dem die normalen Gesetze von Raum und Zeit so wenig gelten wie die Grenzen des eigenen Ich (*Pr. 48*; DW 2,419,2 f.). Die Dynamik aber, die hierdurch freigesetzt wird, ist eine gegenseitige: «Im gleichen Zuge, da er seinen eingeborenen Sohn in mich gebiert, gebäre ich ihn zurück in den Vater.» (*Pr. 22*; DW 1,383,7 f.)

Dieser zweiseitige Vorgang findet zwischen dem einzelnen Menschen und Gott statt, aber er isoliert den Menschen nicht von seiner Umwelt: In einer oft interpretierten Predigt hat sich Eckhart der biblischen Erzählung von Maria und Martha im 10. Kapitel des Lukasevangeliums (V. 38–42) gewidmet: Jesus besucht die beiden Schwestern, und während die eine, Martha, sofort beginnt, geschäftig für den Gast zu wirken, setzt Maria sich zu Füßen Jesu und lauscht seinen Worten. Als sich Maria bei Jesus beschwert, erhält sie die Antwort: «Martha, Martha, du hast viel Sorge und Mühe. Eins aber ist Not. Maria hat das gute Teil erwählt; das soll nicht von ihr genommen werden». Die Erzählung war in der christlichen Tradition zu einer Beispielgeschichte für das aktive und das kontemplative Leben und für den Vorrang des letzteren geworden. Gerade in den Kreisen frommer Frauen war Maria zu einem Ideal geworden, dem man gerne folgte, zu einer Idealgestalt kontemplativen Lebens, an der zu lernen war, dass nur das eine nötig war: Andacht. Alles andere konnte hintanstehen und war abgewertet. Eckhart griff diese Deutungstradition auf, setzte aber einen bemerkenswerten Akzent. Er kehrte das Verhältnis nicht einfach um, sondern er deutete Maria und Martha als innerlich aufeinander bezogen: «Maria», so der Satz, auf den seine Deutung zuläuft, «ist erst eine solche Martha gewesen, ehe sie die reife Maria werden sollte.» (*Pr. 86*; DW 3,491,9 f.) Das bedeutete: Eine *vita contemplativa* als Absage an alle Tätigkeit war nicht das Ziel, sondern eine solche, die die *vita activa* in sich integrierte, die durch die Aktivität vordrang zur wahren Schau. Mystisches Leben ist nicht ein Rückzug aus der Welt, sondern ein Ruf in die Welt: Schau Gottes und Tätigkeit für den Nächsten schließen sich nicht aus, sondern bedingen einander.

Trotz seines offenkundigen Bemühens, die Beginenfrömmigkeit in kirchlichem Sinne zu korrigieren und zu domestizieren, wurde Eckhart selbst kritisch beäugt: Außenstehende sahen in ihm nicht nur den Seelsorger der Nonnen, sondern sie verstanden seine Aussagen zur Auflösung der Identität des Glaubenden in der Gemeinsamkeit mit Gott als überzogene Selbstaussagen des Glaubenden, der sich Gott gleich machen wolle. Die Probleme traten nicht in seiner Straßburger Zeit auf, sondern rheinabwärts: 1323 oder 1324 war Eckhart an das Kölner Generalstudium seines Ordens gewechselt, das in dem Dreivierteljahrhundert seines Bestehens insbesondere durch seinen ersten großen Lehrer, Albertus Magnus, hohes Ansehen errungen hatte. Schon innerhalb des Ordens kam es zu einer Anklage durch den Klostervisitator Nikolaus von Straßburg, die aber bald in einen Freispruch mündete. Doch neben der ordensinternen Kontrolle war der eigentliche Weg zum Umgang mit Häresie der über den Bischof, und tatsächlich wurde wenig später beim Erzbischof von Köln, Heinrich II. von Virneburg, eine Anklage gegen Eckhart eingereicht, in der unter anderem als besonders problematisch betont wurde, dass Eckhart seine schwer verständlichen Gedanken in deutscher Sprache unter das Volk gebracht hatte. Das wurde oft so gedeutet, dass man Eckhart seine Lehre so lange zugestanden hätte, wie sie vor dem Volk verborgen geblieben wäre. Doch die Unterscheidung zwischen dem Latein der Gelehrten und der Volkssprache, die die Ankläger vorbrachten, hat vor allem einen kirchenrechtlichen Hintergrund: Mit den volkssprachlichen Predigten verließ Eckhart den internen Schutzraum des Ordens und Konventes und wandte sich an die Bevölkerung, für die eindeutig der Erzbischof zuständig war, der nun den Prozess energisch in die Hand nahm. Eckhart konnte sich nur vorläufig retten, indem er an den Papst, der zu dieser Zeit in Avignon residierte, appellierte, so dass der Prozess nun an die Kurie verlagert wurde – was dortigen Interessen zur Zentralisierung der Häresiegerichtsbarkeit durchaus entgegenkam. Doch sollte Eckhart hiervon einen Freispruch erwartet haben, so war dies eine bittere Täuschung. Er ließ sich zu einem begrenzten Widerruf drängen, aufgrund dessen er immerhin Avignon wieder verlassen konnte. Doch die Sätze, die er widerrufen hatte, waren damit für die kurialen Behörden nicht aus der Welt: Noch nach seinem Tod auf der Heimreise wurde am 27. März 1329 die Bulle «*In agro dominico*» erlassen, die 28 Sätze auflistete, die als häretisch gelten sollten.

Mit dieser Bulle war nicht Eckhart selbst verurteilt, sondern nur bestimmte Lehren, doch war deutlich, dass im Umgang mit seinen Lehren Vorsicht geboten war. Insbesondere Johannes Tauler bemühte sich vor diesem Hintergrund um die Verkirchlichung dessen, was er aus Eckharts Mystik aufnahm: Er war zwar nicht direkter Schüler Eckharts, aber stark von seinen Predigten beeinflusst und setzte sie gedanklich fort. Seine Predigten zeichneten sich nicht nur durch einen Verzicht auf weitreichende Spekulationen aus, sondern vor allem auch durch eine stärkere Akzentuierung der dogmatischen und kirchlichen Aspekte. Vergleicht man etwa seine Aussagen zur Gottesgeburt mit denen Eckharts, so wird deutlich, dass er die heilsgeschichtliche Dimension, die Eckhart nie bestritten hatte, viel deutlicher hervorhob als dieser: Die erste Predigt der nach dem Kirchenjahr geordneten Sammlung, in der seine Predigten überliefert sind, behandelt das Thema der Gottesgeburt in dreifacher Bedeutung: Die Geburt vor aller Zeit in Gott selbst, also die innertrinitarische Selbstunterscheidung, die Geburt durch die Jungfrau Maria und schließlich die Gottesgeburt in der Seele: Der individuelle mystische Vorgang wird von vornherein in ein umfassendes Geschehen vor aller Zeit und in der Geschichte eingebettet und auf die Grundbekenntnisse des Christentums rückbezogen: das trinitarische Dogma und das Ereignis der Fleischwerdung Jesu Christi. In ähnlicher Weise lag Tauler auch daran, die sakramentalen Heilsvollzüge der Kirche nicht zu unterschätzen, die von Eckhart nicht bestritten, aber wenig betont worden waren. In einer Predigt zum Fronleichnamsfest feierte Tauler die Eucharistie als den Moment, in dem Jesus Christus äußerlich nahe kommt, um dann dem Menschen innerlich zu begegnen. In fast anstößigen Formulierungen – etwa: «Wir essen unseren Gott!» (*Pr. (V)* 293,27) – betonte er den materiellen Charakter der Eucharistie, um umzuschwenken auf die innere Buße, die ein Gegessenwerden des sündigen Menschen selbst durch Jesus Christus bedeutet. So erscheint der mystische Weg viel stärker als bei Eckhart als ein Weg, der in die Gnadenmittel der Kirche eingebettet, durch sie angeregt und gestärkt ist.

Das mag auch damit zusammenhängen, dass Tauler seine besondere Aufmerksamkeit auf die Menschen richtete, die nicht den Weg des Klosters oder der Beginen gingen. Ähnlich wie Eckhart kam zwar auch ihm die Aufgabe der *cura monialium* zu, und die Predigten entstammten ganz diesem Kontext. Aber er war gerade auch als Prediger bei den städtischen Bürgern am Oberrhein überaus beliebt und hatte für die Bewegung der «Gottesfreunde» eine große Bedeutung. Diese pflegten zwar keinen monastischen oder semireligiosen Lebensstil, ihre Spiritualität aber richtete sich darauf, in voller Einbindung in das Alltagsleben einer Stadt religiöse Normen zu erfüllen. Vor diesem Hintergrund ist es bedeutsam, dass Johannes Tauler die Alltagsarbeit in Handwerk und Landwirtschaft als «ruof» Gottes beschrieb (*Pr. (V)* 243,13–22). Was bislang dem klösterlichen Leben vorbehalten schien, Berufung Gottes zu sein, wurde so auch den Menschen außerhalb der Klostermauern zugeschrieben: Sie hatten nicht eine niedere Tätigkeit auszuführen, sondern einen Beruf, für den Gott selbst sie bestimmt hatte.

So ist bei Tauler in sozialhistorischer Sicht eine Ausweitung des Mystikkonzeptes gegenüber Eckhart zu beobachten: Die möglichen Orte mystisch gefärbter Frömmigkeit wurden vielfältig, auch die Welt außerhalb der Klostermauern wurde von der mystischen Botschaft erreicht und umgestaltet. Nicht jeder der zeitgenössischen Erben Eckharts wollte so weit gehen. Der andere Weg, seine Ideen innerkirchlich zu retten, war die Einbindung in die monastische Welt, für die vor allem Heinrich Seuse steht, der dritte Vertreter der Oberrheinischen Mystik. Trotz seines offenkundigen Bemühens um eine Abmilderung Eckharts hatte er mit dem Häresieverdacht zu kämpfen und wurde deswegen zeitweilig seiner Aufgaben als Ordenslektor enthoben – sofern die Andeutungen einer Biographie tatsächlich, was in der jüngeren Forschung bezweifelt wird, etwas mit einer realen Person zu tun haben und nicht nur eine vorbildhafte mystische Gestalt ins Bild setzen sollen. In der Tat ist das wichtigste Buch, das man mit Seuse verbindet, die *Vita*, alles andere als eine Biographie im Sinne der einer individuellen Lebensgeschichte. Es handelt sich vielmehr um eine vorbildliche innere Biographie, die zeigt, wie der darin beschriebene Seuse sich – auch durch strenge äußere Übungen – demütigt, um so den Weg zu Gott zu finden. Gelassenheit und Leiden hängen auf diesem Wege zusammen, und das Leiden kann grausame Formen annehmen:

> In heiß verlangender Festigkeit schob er sein Schulterkleid zur Seite, machte seine Brust frei, nahm einen Schreibgriffel zur Hand, schaute auf die Stelle, wo sein Herz klopfte, und sprach: «Starker Gott, gib mir heute Kraft und Stärke, mein Verlangen auszuführen, denn du sollst heute in den Grund meines Herzens eingegraben werden.» Und er begann mit dem Griffel in das Fleisch über dem Herzen, den Griffel hin- und herführend, auf und ab zu fahren, bis er den Namen IHS (Jesus) auf sein Herz gezeichnet hatte. Von den scharfen Stichen rann das Blut rasch aus dem Fleisch den Leib hinab. (*Vita* I,5)

Das äußere Leiden führt zur inneren Nähe, so wie dies auch mit verschiedenen Instrumenten der Selbstkasteiung der Fall sein kann: Was Seuse hier vorlebt und vorschreibt, ist monastische Theologie im strengen Sinne. Die christologische Mystik hat bei Seuse aber auch eine andere Ausrichtung als bei Eckhart und Tauler: Steht bei diesen mit der Konzentration auf die Gottesgeburt ein weihnachtliches Denken im Vordergrund, so ist das Denken und Leben Seuses an der Passion und an Karfreitag orientiert.

Wenigstens was die Akzentsetzungen angeht, verzweigt sich die Wirkung Eckharts also bei Tauler und Seuse, auch wenn ihre Rezeptionswege im späten Mittelalter keineswegs auseinanderliefen, sondern ineinander verschlungen waren. Aber in dieser Verschlingung zeigt sich doch beides: eine monastische Rezeptionsweise der Oberrheinischen Mystik einerseits, eine laienorientierte, bürgerliche andererseits. Der monastische Weg zeigte sich vor allem in den zahlreichen Reformklöstern des

Das im späten Mittelalter aufkommende Bild der Maria, die um ihren Sohn trauert, war bei Mystikern populär. Vesperbild (Pietà), Rheinland, um 1300, Rheinisches Landesmuseum, Bonn.

späten Mittelalters, die in den jeweils herrschenden Orden für einen strengeren und zugleich innerlicheren Weg warben. Hier spielten immer wieder neu Seuse und Tauler eine wichtige Rolle. Der andere Weg lief über die sogenannte Devotio moderna, eine Frömmigkeitsbewegung am Niederrhein. Ihr Zusammenhang mit Tauler ist nicht eindeutig geklärt. Immerhin bestand eine persönliche Verbindung zwischen Jan Ruysbroek (1293–1381), einem ihrer Vorväter, und Tauler. Die Devotio moderna entsprach vor allem in ihrer Spiritualität dem, was Tauler vertreten hatte: ein Leben in Gelassenheit, in Ausrichtung nicht auf den Besitz, sondern auf das Sichlösen vom Besitz. Der Alltag des frommen Laien wurde von diesen Gedanken strukturiert. Dabei wurden mystische Spuren verfolgt, aber so weit einem bürgerlichen Leben außerhalb des Klosters angepasst, dass die Vorstellung von einer Einigung mit Gott kaum mehr nachvollziehbar ist.

6. Martin Luther und Ignatius von Loyola

Wie schwer sich diese unterschiedlichen Rezeptionsstränge auseinanderhalten lassen, zeigt eine der bekanntesten Gestalten der Kirchengeschichte: Martin Luther (1483–1546). Zu seinen wichtigsten Entdeckungen als Mönch gehörte die Lektüre Taulers und der *Theologia deutsch*, einer Schrift aus dem 14. Jahrhundert, die er in Zusammenhang mit Tauler brachte und deren Edition ein wichtiger Schritt des jungen Professors an die Öffentlichkeit war. Was er, ganz im Rahmen eines monastisch orientierten Lebens und Denkens, aufnahm, war vor allem der Gedanke einer Buße, die das ganze Leben ändern sollte, als Grundlage der christlichen Existenz. Nur selten sprach er von der *unio*, aber seine Theologie wurde entscheidend durch die Mystik geprägt und bewegte sich gerade aufgrund der im Kloster aufgenommenen mystischen Theologie und ihrer allmählichen Umformung aus dem Adressatenkreis des Klosters hinaus: Viele Stücke seiner Lehre lassen sich als eine Umformung monastisch orientierter mystischer Theologie für alle Menschen verstehen. Am deutlichsten wird das am Gedanken des allgemeinen Priestertums aller Gläubigen, der das eigentliche reformatorische Potenzial seiner Botschaft enthielt: Hatte schon Tauler über den mystisch bewegten Menschen erklären können, dieser sei wegen der damit erreichten Unmittelbarkeit zu Gott auch ohne jede Weihe – und unabhängig vom Geschlecht – ein Priester, so ging Luther noch einen Schritt weiter: Nach ihm war jeder Getaufte Priester. Das weitete die mystische Überwindung kirchlicher Hierarchien so aus, dass es das gesamte mittelalterliche Kirchensystem ins Wanken brachte – aber das ist ein anderes Kapitel. Für den vorliegenden Zusammenhang ist von größerer Bedeutung, dass einer der gewichtigsten Antipoden Luthers aus denselben Quellen schöpfte wie er: Ignatius von Loyola (1491–1556). Mit der Gründung des Jesuitenordens hatte er zwar noch keineswegs den Kampf gegen die Reformation im Blick, zu dessen entscheidendem Träger die Societas Jesu werden sollte, aber in der Rückschau kann er als entschiedenster Vertreter einer am Papst orientierten Frömmigkeit gelten. So wie Luther am Rande auch einen der Autoren der Devotio moderna in seinen Umbau mystischer Theologie aufnahm, Zerbold von Zutphen, so griff auch Ignatius auf diesen geistlichen Schriftsteller zurück, als er seine Exerzitien verfasste, sein Handbuch für geistliche Übungen. Bei ihm lebte die asketische Variante mystischer Frömmigkeit wieder auf, die in den evangelisch gewordenen Kirchen nach der Auflösung des Mönchtums keinen Ort mehr hatte.

VII. Einheit jenseits der Vielfalt?

Das Fortleben der Mystik in den drei christlichen Familien

1. Griechische und russische Orthodoxie

Die Orientierung am monastischen Lebensideal blieb für die römisch-katholische Form der Mystik ebenso prägend wie für die Orthodoxie: Oben war deren Entwicklung mit Gregor Palamas, der etwa zur gleichen Zeit wie Meister Eckhart lebte, verlassen worden, um die wichtigen Weichenstellungen im Westen nachzuvollziehen. Palamitische Mystik und Hesychasmus blieben lange Zeit die prägenden Gestalten von Mystik im Raum der Orthodoxie, die nicht immer mit gleicher Intensität gepflegt wurde. Besondere Bedeutung kam dabei weiterhin dem Berg Athos mit seinen weltenthobenen Klöstern zu, wo es im 18. Jahrhundert zu einer Renaissance des Hesychasmus kam, die vornehmlich die klösterliche Spiritualität zu verinnerlichen suchte, sich auch an Laien außerhalb der Klöster wandte. Wichtig war der Gruppe, die diese Neubelebung anstrebte, den Kollyvades, die strenge Einbindung in die traditionelle griechische Orthodoxie und die Formen der Mystik, wie sie sich seit der späten Antike herauskristallisiert hatten: Evagrius oder Maximus Confessor blieben ebenso wie Palamas entscheidende Bezugsgrößen für eine neubeginnende spirituelle Literatur, in deren Zentrum das seit alters das gepflegte Herzensgebet stand. Vom Athos aus strahlte diese Form von Mystik auch in den Raum der slawischsprachigen Orthodoxie hinein, in der sich mit Moskau ein neues kirchliches und spirituelles Zentrum seit dem Fall Konstantinopels im Jahr 1453 herausgebildet hatte. Eine wichtige Vermittlergestalt wurde hier Paisij Veličkovskij (1722–1794). Er war mit 24 Jahren von Kiew aus auf den Athos gegangen und hatte dort den alten Hesychasmus wie auch seine Erneuerung kennengelernt. 1763 verließ er den Athos und zog mit 60 Anhängern in die Moldauregion und gründete ein eigenes Kloster in Neamţ. Der Auszug aus dem Athos bedeutete jedoch keinen Bruch mit dessen spiritueller Tradition, im Gegenteil: Die 1782 von Nikodemos Hagiorites (1749–1809) und Bischof Makarios von Korinth (1731–1805) unter dem Titel *Philokalia*, *Liebe zum Schönen*, veröffentlichte Sammlung von Vätersprüchen über das Herzensgebet übersetzte er ins Kirchenslawische («*Dobrotoljubie*», 1793) und machte sie so zur Grundlage eines eigenen Frömmigkeitstypus, der an die Väter angelehnt war: Der Starec, der weise Alte, wurde nun zu einer prägenden Gestalt hesychastisch geprägter Frömmigkeit mit weiter Ausstrahlung in die russische Kultur, die sich noch in der großen Bedeutung des Starec Zosima in Dostojewskis Roman Die *Brüder Karamasow* zeigt. So hatte in einer Zeit, in der die griechische Orthodoxie durch ihre äußere Notlage unter osmanischer Herrschaft auf wenige Entfaltungsmöglichkeiten, oft über den Kontakt mit dem Westen, begrenzt war, das hesychastische Erbe in dem neuen Hauptland der Orthodoxie Fuß gefasst und war prägend für eine eigene Sozialform geworden. Mit der Öffnung Russlands für den Westen wurde zunehmend das traditionelle mystische Denken auch mit neuen Einflüssen aus dem Westen verbunden. Charakteristisch hierfür ist Vladimir Sergeevič Solovjov (1853–1900), der zu einem Starec pilgerte, aber auch die Philosophien Schellings, Schopenhauers und anderer aufgriff, um östliches und westliches Denken zu einem philosophischen System zu verschmelzen, das den Anspruch der umfassenden Erklärung der Welt erhob. Gerade die darin enthaltenen Neuerungen – und die Annäherungen an Gedanken aus der antiken Gnosis – machten seinen Entwurf verdächtig. Vladimir Lossky (1903–1958) erhob gegen Solovjov den Vorwurf der Häresie und entwarf selbst eine mystische Theologie, die wieder viel stärker als die Solovjovs an die dionysische Gedankenwelt anknüpfte und sie mit der palamitischen Wesen-Energien-Konzeption verband. In der einen wie in der anderen Variante zeigen diese Autoren, dass die orthodoxe Frömmigkeit durch die Betonung der Mystik viel von den ursprünglichen Anliegen der ersten mystischen Autoren fortleben lässt.

2. Römischer Katholizismus

In der römisch-katholischen Kirche kannten die ersten Jahrhunderte der frühen Neuzeit eine intensive, gleichfalls vorwiegend monastisch orientierte Frömmigkeit. Johannes Tauler war zwar durch seine Verbindung mit der Reformation noch im 16. Jahrhundert auf den Index der verbotenen Bücher geraten und damit jene Variante mystischer Theologie, die in besonderer Weise geeignet war, einen Weg in die Alltagswelt außerhalb der Klöster zu finden. In den Klöstern aber führte die Neuordnung der römisch-katholischen Kirche im konfessionellen Zeitalter, für die das Konzil von Trient (1546–1563) exemplarisch steht, die aber von vielfachem seelsorgerlichem Bemühen um innere Reform begleitet war, zu einem Neuaufleben mystischer Literatur. Wieder tritt hier eine Frau in den Vordergrund: Teresa von Ávila (1515–1582) kämpfte um eine Reform des weiblichen Zweiges des Karmeliterordens und verfasste in diesem Zusammenhang mehrere Schriften, die das mystische Erbe des Mittelalters in das Klosterleben einbanden und zu dessen innerer Vertiefung führen sollten. Ihr stand Johannes vom Kreuz (1542–1591) nahe, der sich dem männlichen Zweig desselben Ordens zuwandte und sein Bemühen in ähnlicher Weise mit mystischen Schriften vertiefte. Das Erbe, das dabei lebendig gemacht wurde, konnte in dem Land, das mit besonderer Intensität an einer Belebung des römischen Katholizismus arbeitete, in Spanien, stärker zur Blüte kommen als in dem von den konfessionellen Spaltungen mitgenommenen und stark auf die kontroverse Kirchlichkeit ausgerichteten deutschen Sprachraum. Teresa und Johannes betonten, ganz der mystischen Tradition entsprechend, die Passivität der Seele. Die Betonung dieses Aspektes bei einigen mystischen Schriftstellern des 17. Jahrhunderts ließ die Mystik noch einmal in das Räderwerk der Inquisition geraten: Der auf unterschiedliche Weisen ausgedrückte zutiefst mystische Gedanke einer Aufhebung des Ich führte zum Vorwurf, dass der «Quietismus», das Streben nach Seelenruhe, zur Indifferenz gegenüber jedem sittlichen Glaubensleben führe – und dieser Verdacht mündete in zwei Verurteilungen: 1687 wurde Miguel de Molinos (1628–

1697) unter dem Vorwurf des Quietismus verurteilt, 1699 gar ein veritabler Erzbischof: François Fénelon (1651–1715), der Erzbischof von Cambrai. Er hatte sich für Madame de Guyon (1648–1717) eingesetzt, die als mystische Schriftstellerin im Zuge der Auseinandersetzungen um Molinos zunächst in Klosterhaft geraten und dann in der Bastille gefangen gehalten worden war. Mit diesen Verurteilungen, die noch ganz im Sinne der traditionellen Häresiologie, vielleicht mit durch die Reformation lediglich geschärfter Aufmerksamkeit, erfolgten, gerieten die mystische Sprache und Theologie in die Defensive. Die Spannung zwischen der hohen kirchlichen Anerkennung eines Dionysius vom Areopag, eines Bonaventura und eines Bernhard von Clairvaux einerseits und der Verurteilung einer Marguerite Porete, eines Eckhart oder eines Fénelon andererseits markierte das schwierige Feld, in dem sich auch monastische Frömmigkeit im römischen Katholizismus fortan bewegte, wenn sie sich aus den mystischen Traditionen speiste. Zwar blieb dieser Strom immer lebendig, aber er hat nicht noch einmal eine solche Kraft entfaltet wie im Mittelalter.

3. Protestantismus

Für den Protestantismus hatte mystische Frömmigkeit ihren spezifischen Ort verloren, der immer ihr Zentrum gewesen war: das Kloster. Dennoch wurden gerade durch Luther mystische Wege in gebrochener Weise fortgeführt, und evangelische Theologen bedienten sich immer wieder mystischer Sprache und des mystischen Erbes um auszudrücken, was mit der für das reformatorische Denken zentralen Lehre von der Rechtfertigung, von der Gerechtsprechung des Sünders ohne eigenes Verdienst, gemeint war. Schon Luther hatte dies in seiner Schrift *Von der Freiheit eines Christenmenschen* 1520 im traditionellen mystischen Bild der Braut und des Bräutigams beschrieben, und diese mystischen Ansätze wurden in den kommenden Generationen vielfach im protestantischen Umfeld aufgegriffen: Neben seiner Tätigkeit als Pfarrer in Zschopau schrieb Valentin Weigel (1533–1588) Traktate, in denen in Weiterführung mystischer

Texte des Mittelalters und des von der lutherischen Konfessionskirche ausgegrenzten Spiritualismus der Reformationszeit der Vorrang des inneren Menschen vor allem Äußeren betont wurde. Er brachte diese Schriften nicht selbst zum Druck, ließ sie aber handschriftlich kursieren, so dass sie vielfältigen Einfluss ausüben konnten. Unter denen, die sich von ihm inspirieren ließen, war auch der Görlitzer Schuster Jacob Böhme (1575–1624). Er betonte, unter dem Einfluss des Heiligen Geistes zu stehen, wenn er solche spiritualistischen Gedanken in weitreichende, zum Teil an Hildegard von Bingen erinnernde Spekulationen über das Verhältnis von Welt- und Menschenschöpfung und ihrem inneren Zusammenhang einzeichnete und damit noch nach Jahrhunderten Wirkung auf den deutschen Idealismus ausübte.

Doch nicht nur am Rande der sich formierenden Konfession wirkten mystische Gedanken nach. Auch Theologen der vielfach als zu intellektuell kritisierten lutherischen Orthodoxie des 17. Jahrhunderts scheuten sich nicht, ihre Predigten in der Schilderung einer *unio* mit Christus münden zu lassen. Immer wieder wurden, wenn Reformimpulse für das Frömmigkeitsleben gegeben werden sollten, die mystischen Schriftsteller, unter ihnen vor allem Johannes Tauler, herangezogen: Der Reformorthodoxe Johann Arndt (1555–1621) ließ sich von ihm ebenso inspirieren wie die Theologen des Pietismus, etwa der Lutheraner Philipp Jakob Spener (1635–1705) oder die niederrheinischen Reformierten Wilhelm Hoffmann (1676–1746) und Gerhard Tersteegen (1697–1769). Man wird solche Weiterführungen schwerlich als Mystik im strengen Sinne bezeichnen können: Der Gedanke einer das Ende aller Zeiten vorwegnehmenden Einigung mit Gott erscheint hier nicht mehr, sondern es geht um die Wandlung des Menschen von innen her. Und doch zeigen diese Persönlichkeiten, wie lange der Protestantismus noch von dem Erbe mystischer Theologe zehrte. Selbst noch den als «Kirchenvater des 19. Jahrhunderts» bezeichneten Schleiermacher kann man in eine mystische Traditionslinie einordnen, wenn er in seinen *Reden über die Religion an die Gebildeten unter ihren Verächtern* von 1799 unter dem Eindruck der Frühromantik von einem personalen Gottesbild zu einer unpersonalen Kategorie des «Universums» voranschreitet und als entscheidende Begegnungsform zwischen Glaubendem und Gott beziehungsweise Universum nicht Vernunft oder Moral propagiert, sondern die Anschauung. Doch in der Folgezeit traten im Protestantismus viel stärker die gleichfalls bei Luther angelegten kritischen Wendungen gegen die Mystik in den Vordergrund: Luther hatte sich vor allem gegen Thomas Müntzer (ca. 1490–1525) und Andreas Karlstadt (1486–1541) gewandt, die anders als er die Reformation auch als Fortführung expliziten mystischen Denkens verstanden. Ihnen gegenüber hatte er immer wieder Wert darauf gelegt, dass das Heil nicht von innen, aus dem Menschen heraus, sondern durch das Wort von Gott her komme. In Verbindung mit der Rationalität der Aufklärung im 19. Jahrhundert, aber auch teils sehr scharfen Reaktionen darauf im 20. Jahrhundert wurde sich die protestantische Theologie vor allem des deutschen Sprachraums weitgehend einig, dass Protestantismus und Mystik unvereinbar seien. Aus nachvollziehbaren Gründen wurde diese Haltung verstärkt, als man erkennen musste, wie Mystik ideologisch vereinnahmt wurde: Der nationalsozialistische Vordenker Alfred Rosenberg nutzte und propagierte ein verzerrtes Eckhartbild für seine «deutsche Religion». Entsprechend wurde Eckharts Denken im Dritten Reich gerade von anpassungsbereiten deutschchristlichen Theologen aufgenommen und war damit für die Folgezeit diskreditiert.

Diese Ideologisierung kann in heutiger Theologie und Frömmigkeit nicht ignoriert werden, sondern muss weiter aufgearbeitet werden. Die notwendige kritische Aufarbeitung wird einen Beitrag dazu leisten, sich neu dem Phänomen der Mystik selbst jenseits ihrer Verzerrungen und Vereinnahmungen zu stellen. Die christlichen Kirchen stehen in Zeiten der Globalisierung neuen Herausforderungen gegenüber: Die Begegnung mit den lange Zeit wenig beachteten Religionen des Osten zeigt die Kraft mystischer Frömmigkeit, und die internen konfessionellen Streitigkeiten lassen hoffen, dass christliche Grundlagen jenseits der konfessionellen Dogmatiken zu suchen und zu finden sind.

Wichtig hierfür sind die Grundlagen der christlichen Lehren der Antike, die ungebrochen von den großen Familien der Christenheit geteilt werden, aber sie können auch in einer vorbegrifflichen Form des Glaubens gesucht und gefunden werden, der die Konfessionen neu aufeinander beziehen könnte. Das meinte wohl Karl Rahner, als er von dem Frommen der Zukunft als einem Mystiker sprach.

Abkürzungen

150 cap.	Gregor Palamas, *Kephalaia hekaton pentēkonta physika kai theologika* (Hundertfünzig Kapitel zu Natur und Theologie)
BCW	Bernhard von Clairvaux, Sämtliche Werke. Lateinisch/deutsch. 10 Bde., Innsbruck 1990–1999
cael. hier.	Dionysius, De caelesti hierarchia
CChr.CM	Corpus christianorum. Continuatio mediaevalis
CChr.SG	Corpus christianorum. Series Graeca
CD I bzw. II	Corpus Dionysiacum. Bd. 1, hg. v. Beate Regina Suchla, Berlin u. a. 1990 (Patristische Texte und Studien 33); Bd. 2, hg. v. Günter Heil u. Adolf Martin Ritter, ebd. 1991 (Patristische Texte und Studien 36)
div.nom.	Dionysius, De divinis nominibus
DW	Meister Eckhart, Die deutschen Werke, hg. v. Josef Quint u. a., Stuttgart 1958 ff.
eccl. hier.	Dionysius, De ecclesiastica hierarchia
Ep.	Dionysius, Epistulae
FLG	Mechthild von Mageburg, Das fließende Licht der Gottheit
GNO VII/1	Gregorii Nysseni Opera. Bd. 7,1: Gregorii Nysseni De vita Moysis, hg. v. Herbert Musurillo, Leiden u. a. 1991
It.	Bonaventura, Itinerarium mentis in Deum
L.asc.	Maximus Confessor, Liber asceticus
myst. theol.	Dionysius, De mystica theologia
PG	Patrologiae cursus completus. Series Graeca
PL	Patrologiae cursus completus. Series Graeca
Pr.	Predigt
Pr. (V)	Die Predigten Taulers aus der Engelberger und der Freiburger Handschrift sowie aus Schmidts Abschriften der ehemaligen Straßburger Handschriften, hg. v. Ferdinand Vetter, Berlin 1910
PSyn	*Grēgoriu tu Palama Syngrammata* (Gregor Palamas, Werke). 5 Bde., hg. v. Panagiotos K. Chrestou, Thessaloniki 1962–1992
Rahner, GS 7	Karl Rahner, Schriften zur Theologie. Bd. 7: Zur Theologie des geistlichen Lebens, Einsiedeln u. a. ^{2}1971
SC	Sources chretiennes
s. cant.	Bernhard, sermones in cantica canticorum
Sol	Hugo von St. Viktor, Soliloquium de arrha animae und De vanitate mundi, hg. v. Karl Müller, Bonn 1913

Literaturhinweise

Das vorliegende Buch verdankt sich nicht allein der Lektüre, sondern auch vielen Gesprächen über das Verständnis der Mystik, deren Anregungen nicht einzeln ausgewiesen werden können. So ist mir die Körperlichkeit von Mechthilds Mystik von Thomas Lentes (Münster) erschlossen worden, viele Anstöße habe ich zudem erhalten von Berndt Hamm (Erlangen), Ulrich Köpf (Tübingen) und Georg Steer (Eichstätt). Die Passagen zum Neuen Testament hat Thomas Söding (Wuppertal), die zu Dionysius und zur byzantinischen Tradition Andreas Müller (Minden) kritisch gegengelesen. Beide Kollegen haben mich durch weiterführende Hinweise bereichert, für deren Umsetzung selbstverständlich ich allein die Verantwortung trage. Für eine Durchsicht des gesamten Textes mit vielen präzisen Verbesserungsvorschlägen danke ich ganz herzlich Ingo Klitzsch (Jena).

I. «Christliche Mystik»: Eine Annäherung

Friedrich Heiler, Die Bedeutung der Mystik für die Weltreligionen, München 1919; Vladimir Lossky, Die mystische Theologie der morgenländischen Kirche, Graz/Wien/Köln 1961; Kurt Ruh, Geschichte der abendländischen Mystik. 4 Bde., München 1990–1999; Bernard McGinn, Die Mystik im Abendland. 3 Bde., Freiburg u. a. 1994–1999; Peter Dinzelbacher, Christliche Mystik im Abendland. Ihre Geschichte von den Anfängen bis zum Ende des Mittelalters, Paderborn 1994; Ders., Wörterbuch der Mystik, Stuttgart ^{2}1998; Otto Langer, Christliche Mystik im Mittelalter. Mystik und Rationalisierung – Stationen eines Konflikts, Darmstadt 2004; Mariano Delgado/Gotthard Fuchs (Hg.), Die Kirchenkritik der Mystiker. 3 Bde., Fribourg/Stuttgart 2005.

II. «Christus in uns»

Albert Schweitzer, Die Mystik des Apostels Paulus, Tübingen ^{2}1954; Klaus Berger, Historische Psychologie des Neuen Testaments, Stuttgart 1991; Friedrich Wilhelm Horn, Das Angeld des Geistes. Studien zur paulinischen Pneumatologie, Göttingen 1992; Theo K. Heckel, Der Innere Mensch. Die paulinische Verarbeitung eines platonischen Motivs, Tübingen 1993; Gerhard Sellin, Die religionsgeschichtlichen Hintergründe der paulinischen «Christusmystik», in: Theologische Quartalsschrift 176 (1996), 7–27; Hans-Christoph Meier, Mystik bei Paulus. Zur Phänomenologie religiöser Ekstase im Neuen Testament, Tübingen/Basel 1998; Christoph Markschies, Die Gnosis, München 2001.

III. Das «überlichte Dunkel»

Deutschsprachige Zitate folgen den Übersetzungen von Beate Regina Suchla (*div. Nom*) und Adolf Martin Ritter (*myst. theol.*) in den entsprechenden Bänden der Bibliothek der griechischen Literatur Nr. 26 und 40, Stuttgart 1988. 1994. Wichtigste Literatur: René Roques, L'univers dionysien. Structure hiérarchique du monde selon le Pseudo-Denys, Paris 1954; Walther Völker, Kontemplation und Ekstase bei Pseudo-Dionysios Areopagita, Wiesbaden 1958; Paul Rorem, Pseudo-Dionysios. A Commentary on the Texts and an Introduction to Their Influence, New York/Oxford 1993; Werner Beierwaltes, Platonismus im Christentum, Frankfurt/M. 1998.

IV. Taborlicht und Jesusgebet

Jean Meyendorff, Introduction á l'étude de Grégoire Palamas, Paris 1959; Walther Völker, Scala Paradisi. Eine Studie zu Johannes Climacus und zugleich eine Vorstudie zu Symeon dem Neuen Theologen, Wiesbaden 1968; ders., Praxis und Theoria bei Symeon dem Neuen Theologen. Ein Beitrag zur byzantinischen Mystik, Wiesbaden 1974; Dorothea Wendebourg, Geist oder Energie. Zur Frage der innergöttlichen Verankerung des christlichen Lebens in der byzantinischen Theologie, München 1980; Hans Urs von Balthasar, Kosmische Liturgie. Das Weltbild Maximus' des Bekenners, Trier [3]1988; Jeremy Driscoll, The «Ad monachos» of Evagrius Ponticus. Its Structure and a select Commentary, New York 1991; Andrew Louth, Maximus the Confessor, London/New York 1996; Reinhard Flogaus, Theosis bei Palamas und Luther. Ein Beitrag zum ökumenischen Gespräch, Göttingen 1997 (Forschungen zur systematischen und ökumenischen Theologie 78); Hilarion Alfeyev, St. Symeon the New Theologian and Orthodox Tradition, Oxford 2000; Andreas Müller, Das Konzept des geistlichen Gehorsams bei Johannes Sinaites. Zur Entwicklungsgeschichte eines Elements orthodoxer Konfessionskultur, Tübingen 2006. Zitierte Übersetzungen: Heiliger Johannes vom Sinai, Klimax oder Die Himmelsleiter, übers. v. Georgios Makedos, Athen 2000; Maximus der Bekenner, Drei geistliche Schriften, Einsiedeln/Freiburg im Br. 1996.

V. Die «Lehrmeisterin Erfahrung»

Zitierte Übersetzungen: Bernhard von Clairvaux, Sämtliche Werke. Lateinisch/deutsch. 10 Bde., Innsbruck 1990–1999; Hugo von St. Viktor, Mystische Schriften, hg. v. Paul Wolff, Trier 1961; Hildegard von Bingen, Scivias – Wisse die Wege. Eine Schau von Gott und Mensch in Schöpfung und Zeit, übers. v. Walburga Storch, Freiburg u. a. [4]1998; Hildegard von Bingen, Im Feuer der Taube. Die Briefe, übers. u. hg. v. Walburga Storch, Augsburg 1997. Ulrich Köpf, Religiöse Erfahrung in der Theologie Bernhards von Clairvaux, Tübingen 1980; Dagmar Heller, Schriftauslegung und geistliche

Erfahrung bei Bernhard von Clairvaux, Würzburg 1990; Jean Leclercq, Bernhard von Clairvaux. Ein Mann prägt seine Zeit, München u.a. 1990; Heinrich Schipperges, Hildegard von Bingen, München 1995; Edeltraud Forster (Hg.), Hildegard von Bingen. Prophetin durch die Zeiten, Freiburg ²1999; Peter Dinzelbacher, Bernhard von Clairvaux. Leben und Werk des berühmten Zisterziensers, Darmstadt 1998; Dominique Poirel, Hugues de Saint-Victor, Paris 1998.

VI. Gottes «ruof» an alle

Für Meister Eckhart folgen die Zitate der oben genannten kritischen Ausgabe, der von Anfang an Übersetzungen beigegeben waren, bzw. der Sammelausgabe Meister Eckehart, Deutsche Predigten und Traktate, hg. u. übers. v. Josef Quint, Zürich 1979. Weitere zitierte Übersetzungen: Bonaventura, Itinerarium mentis in Deum – Der Pilgerweg des Menschen zu Gott. Lat.-dt., übers. u. erläutert v. Marianne Schlosser, Münster 2004; Bonaventura, Sololoquium/Alleingespräch, hg. u. übers. v. Josef Hosse, München 1958; Mechthild von Magdeburg, Das fließende Licht der Gottheit, hg. v. Gisela Vollmann-Profe, Frankfurt/M. 2003; Margareta Porete, Der Spiegel der einfachen Seelen. Wege der Frauenmystik. Übers. v. Louise Gnädinger, Zürich/München 1987; Das Leben des seligen Heinrich Seuse. Übers. v. Georg Hofmann, Düsseldorf 1966. Literatur: Kurt Ruh, Meister Eckhart. Theologe – Prediger – Mystiker, München 1985; Otto Langer, Mystische Erfahrung und spirituelle Theologie. Zu Meister Eckharts Auseinandersetzung mit der Frauenfrömmigkeit seiner Zeit, München 1987; Louise Gnädinger, Johannes Tauler. Lebenswelt und mystische Lehre, München 1993; Georg Steer/Loris Sturlese (Hg.), Lectura Eckhardi. Predigten Meister Eckharts, von Fachgelehrten gelesen und gedeutet, Stuttgart 1998 ff.; Sara S. Poor, Mechthild of Magdeburg and Her Book. Gender and the Making of Textual Authority, Philadelphia 2004; Bernard McGinn, The mystical thought of Meister Eckhart. The man from whom God hid nothing, New York 2001; Kurt Flasch, Meister Eckhart. Die Geburt der «deutschen Mystik» aus dem Geist der arabischen Philosophie, München 2006; Volker Leppin, Martin Luther, Darmstadt 2006; Meister-Eckhart-Jahrbuch 1(2006) ff.

VII. Einheit jenseits der Vielfalt?

Martin Brecht (Hg.), Geschichte des Pietismus. 4 Bde., Göttingen 1993–2004; Tomás Spidlík Russische Spiritualität, Regensburg 1994; Theodoros Nikolaou, Askese, Mönchtum und Mystik in der orthodoxen Kirche, St. Ottilien 1996; Hartmut Lehmann (Hg.), Jansenismus, Quietismus, Pietismus, Göttingen 2002; Jean-Jacques Antier, Thérése d'Avila. De la crainte à l'amour, Paris 2003.

Personenregister

Religionen in C. H. Beck Wissen

Michael von Brück

Zen

Geschichte und Praxis
2004. 128 Seiten. Paperback
(C. H. Beck Wissen in der Beck'schen Reihe Band 2344)

Hans Kloft

Mysterienkulte der Antike

Götter – Menschen – Rituale
3., durchgesehene Auflage. 2006
128 Seiten mit 12 Abbildungen. Paperback
(C. H. Beck Wissen in der Beck'schen Reihe Band 2106)

Christoph Markschies

Die Gnosis

2. Auflage. 2006
128 Seiten. Paperback
(C. H. Beck Wissen in der Beck'schen Reihe Band 2173)

Annemarie Schimmel

Sufismus

Eine Einführung in die islamische Mystik
3. Auflage. 2005
125 Seiten. Paperback
(C. H. Beck Wissen in der Beck'schen Reihe Band 2129)

Heinrich von Stietencron

Der Hinduismus

2. Auflage. 2006
128 Seiten mit 1 Karte. Paperback
(C. H. Beck Wissen in der Beck'schen Reihe Band 2158)

Martin Tamcke

Das orthodoxe Christentum

2004. 112 Seiten mit 5 Abbildungen. Paperback
(C. H. Beck Wissen in der Beck'schen Reihe Band 2339)

C.H.BECK WISSEN

in der Beck'schen Reihe

Zuletzt erschienen:

2108: Graf, **Der Protestantismus**
2210: Schmalzriedt, **Ravels Klaviermusik**
2212: Voss, **Bachs Konzerte**
2213: Walter, **Haydns Sinfonien**
2318: Schallmayer, **Der Limes**
2362: Jehne, **Die römische Republik**
2364: Schreiner, **Konstantinopel**
2366: Rahmstorf/Schellnhuber, **Der Klimawandel**
2376: Gruber, **Wolfgang Amadeus Mozart**
2385: Heyde, **Geschichte Polens**
2388: Kaufmann, **Martin Luther**
2389: Leitner, **Die Aborigines Australiens**
2391: Bleckmann, **Der Peloponnesische Krieg**
2392: Ehlers, **Die Ritter**
2393: Göhrich, **Die Staufer**
2394: Herbers, **Jakobsweg**
2395: Bossong, **Das Maurische Spanien**
2396: Krumeich, **Jeanne d'Arc**
2397: Laudage, **Die Salier**
2398: Schneidmüller, **Die Kaiser des Mittelalters**
2399: Stollberg-Rilinger, **Das Heilige Römische Reich Deutscher Nation**
2400: Otto, **Mose**
2401: Reinhardt, **Geschichte der Schweiz**
2402: Stackelberg, **Voltaire**
2403: Conermann, **Das Mogulreich**
2404: Weinke, **Die Nürnberger Prozesse**
2405: Sammer, **Mutter Teresa**
2406: Konrad, **Geschichte der Schule**
2407: Kolb, **Das antike Rom**
2409: Junker, **Die Evolution des Menschen**
2410: Herrmann, **Das Weltall**
2411: Bergdolt, **Die Pest**
2413: Benz, **Die Protokolle der Weisen von Zion**
2414: Kamp, **Burgund**
2415: Leppin, **Die christliche Mystik**
2416: Schuh, **Biowetter**
2417: Streit, **Was ist Biodiversität?**
2420: Kaiser, **Föderalismus**
2502: Thürlemann, **Rogier van der Weyden**
2504: Büttner, **Peter Paul Rubens**
2506: Adriani, **Paul Cézanne**
2551: Hölscher, **Die griechische Kunst**
2552: Zanker, **Die römische Kunst**
2556: Tönnesmann, **Die Kunst der Renaissance**
2601: Weber/Wehling, **Geschichte Baden-Württembergs**
2606: Krieger, **Geschichte Hamburgs**
2607: Kroll, **Geschichte Hessens**
2615: Bohn, **Geschichte Schleswig-Holsteins**